PARSHARAM PANJALA

PENSER COMME UN TESTER

"Construire vos bases et maîtriser l'état d'esprit"

Pourquoi ce livre ?

Au cours de mes dix années d'expérience dans le domaine des tests logiciels, j'ai eu le privilège d'interagir avec de nombreuses personnes : jeunes diplômés, professionnels chevronnés et personnes qui se sont lancées dans leur carrière de testeur avec un enthousiasme inébranlable. À travers les entretiens, les rencontres, les conférences et les interactions sur le lieu de travail, un fil conducteur a émergé : un nombre important de testeurs, en particulier ceux qui commencent leur parcours, plongent souvent la tête la première dans l'exécution de cas de test ou l'écriture de scripts d'automatisation sans saisir l'état d'esprit fondamental qui définit un vrai testeur.

Cette observation a déclenché en moi une passion pour combler une lacune critique dans la communauté des tests : le manque d'emphase sur l'état d'esprit et les compétences générales qui constituent le fondement d'une carrière réussie dans le domaine des tests. De nombreux testeurs en herbe se concentrent principalement sur les compétences techniques, négligeant l'essence de penser comme un testeur, qui va bien au-delà de l'exécution de cas de test.

Ce livre est l'aboutissement de mes expériences et une réponse aux défis auxquels sont confrontées les personnes qui n'ont peut-être pas eu l'occasion de cultiver l'état d'esprit fondamental nécessaire à des tests efficaces. C'est un guide qui va au-delà du code, au-delà des outils, et au cœur de ce qui rend un testeur vraiment exceptionnel.

Les compétences générales, la curiosité, l'adaptabilité et la communication efficace sont les héros méconnus dans le domaine des tests. Ce sont les attributs qui distinguent un testeur qui se contente d'exécuter des tâches de celui qui élabore un parcours de test qui dévoile le véritable potentiel du logiciel. À l'aide d'exemples concrets et d'informations pratiques, ce livre vise à doter les testeurs de l'état d'esprit holistique nécessaire pour naviguer dans le paysage en constante évolution des tests logiciels.

Que vous soyez un professionnel chevronné à la recherche d'une remise à niveau ou un nouveau venu qui se lance dans l'aventure passionnante des tests de logiciels, ce livre est conçu pour vous permettre d'acquérir des compétences qui vont au-delà des aspects techniques. Bienvenue dans un monde où l'état d'esprit d'un testeur règne en maître et où les soft skills deviennent la boussole qui vous guide à travers les subtilités des tests logiciels.

Bon test !
Panjala Parsharam

Table des matières

Table des matières

Introduction

Dans le paysage dynamique du développement de logiciels, le rôle d'un testeur de logiciels s'est transformé en une discipline aux multiples facettes. Cela va au-delà de l'identification des défauts logiciels pour s'assurer que le produit final répond non seulement aux spécifications fonctionnelles, mais offre également une expérience transparente et agréable aux utilisateurs finaux. Pour vraiment exceller dans ce rôle, il faut cultiver un état d'esprit unique et un ensemble sophistiqué de compétences générales.

Permettez-nous de vous présenter Mani, un testeur de logiciels chevronné originaire de Bangalore, en Inde. Tout au long de son illustre carrière, Mani a découvert qu'être testeur implique plus que la simple exécution de cas de test. Il s'agit de penser de manière critique, d'examiner méthodiquement tous les aspects d'un produit et de communiquer efficacement les résultats. Le parcours de Mani souligne l'importance profonde des compétences non techniques dans le façonnement de la carrière d'un testeur à succès.

Prenons l'exemple de Jaganath, un jeune testeur qui a récemment rejoint une start-up technologique à Chennai. Jaganath s'est rapidement rendu compte que sa capacité à s'adapter à l'évolution rapide des exigences dans un environnement de développement agile est la pierre angulaire de son succès. Ses expériences soulignent le rôle central de l'agilité et de l'adaptabilité dans le paysage moderne des tests.

Rupesh, un autre personnage remarquable de notre récit, réside à Pune. Il prône l'empathie dans son approche de test, se mettant à la place des utilisateurs finaux pour obtenir des informations inestimables. L'histoire de Rupesh souligne l'importance de l'empathie et des tests centrés sur l'utilisateur pour identifier et résoudre les problèmes critiques.

Et puis il y a Pramod, un testeur à distance qui collabore avec une équipe de test mondiale. Pramod s'est forgé une réputation d'expert en dépannage, capable d'identifier les causes profondes de problèmes complexes. Son histoire témoigne de l'importance de techniques robustes de résolution de problèmes dans le monde des tests logiciels.

Dans ce livre complet, nous nous lançons dans un voyage pour devenir un testeur complet comme Mani, maîtriser l'art des tests agiles comme Jaganath, intégrer l'empathie dans notre processus de test comme Rupesh et développer de formidables compétences en résolution de problèmes similaires à Pramod. Nous le ferons à l'aide d'une multitude d'exemples concrets et de conseils pratiques.

Au cours des deux prochaines pages, nous allons approfondir les subtilités de devenir un testeur qualifié. Ce parcours se concentrera non seulement sur le perfectionnement de vos capacités techniques, mais aussi sur le développement des compétences générales qui distinguent les testeurs exceptionnels. Rejoignez-nous alors que nous explorons le monde aux multiples facettes des tests logiciels, où la capacité de penser comme un testeur est plus qu'une simple compétence - c'est un état d'esprit, une philosophie et un chemin pour devenir un professionnel exceptionnel de l'assurance qualité.

Chapitre 1 : L'état d'esprit d'un testeur

Dans le domaine des tests logiciels, le succès n'est pas uniquement déterminé par les compétences techniques, les outils ou les méthodologies. Bien que ces composants jouent un rôle crucial, la véritable essence d'un testeur qualifié réside dans l'état d'esprit unique qu'il apporte au processus de test.

Comprendre l'état d'esprit du testeur

Prenez un moment pour visualiser le début d'un voyage remarquable, qui mettra votre intellect au défi, exigera votre attention inébranlable et vous mènera dans les domaines complexes du logiciel. En tant que testeur, il s'agit de votre grande expédition, un voyage rempli de rebondissements, où vous naviguerez dans des territoires inexplorés et découvrirez des défauts cachés. Votre quête consiste à examiner, évaluer et, en fin de compte, à améliorer la qualité des logiciels, ce qui en fait un compagnon fiable pour les utilisateurs. Pour entreprendre ce voyage avec succès, il est essentiel de cultiver le bon état d'esprit, un état d'esprit qui vous distingue en tant que testeur.

Le voyage se déroule

Imaginez entrer dans le monde des tests de logiciels comme s'il s'agissait du seuil d'une forêt ancienne et mystérieuse. Vous vous tenez au bord, impatient d'explorer ce qui se trouve à l'intérieur. La forêt est dense et regorge de secrets, tout comme le logiciel que vous êtes sur le point de rencontrer. Chaque ligne de code, une arborescence ; chaque fonction, un cheminement. Votre voyage est une quête moderne dans ce désert numérique, où les trésors que vous recherchez sont des programmes transparents, sans erreur et conviviaux.

Au fur et à mesure que vous vous aventurerez dans ce royaume inexploré, vous découvrirez bientôt que votre expédition partage des points communs avec les explorateurs d'autrefois. L'essence de l'état d'esprit d'un explorateur, l'esprit de curiosité et le désir incessant d'apprendre vous poussent à aller de l'avant. À l'instar d'aventuriers intrépides qui tracent leur chemin à travers des jungles denses et des montagnes dangereuses, vous vous lancez dans un voyage numérique au cœur du logiciel. Votre approche est définie par une curiosité insatiable, une volonté d'apprendre et un désir de découvrir les trésors cachés et les dangers qui se cachent dans le code.

Les frissons d'un détective

Dans cette forêt de logiciels, vous portez la casquette de détective. Vous ne vous contentez pas d'exécuter des tests ; Vous êtes engagé dans un processus constant d'investigation. Chaque ligne de code est un indice potentiel, et chaque cas de test représente une opportunité de débusquer les vices cachés. Tout comme Sherlock Holmes a déduit des solutions à des cas complexes, vous connectez le code pour découvrir les problèmes. Vous devenez le Sherlock du domaine numérique, en étudiant attentivement les preuves présentées par le logiciel et en tirant des conclusions rationnelles.

Cet état d'esprit de détective vous permet d'acquérir un ensemble de compétences en matière de pensée critique et de résolution de problèmes. C'est votre loupe, qui vous permet d'analyser, d'interpréter et de déduire. Tout comme un détective relie les points pour résoudre un crime, vous connectez le code pour découvrir les problèmes.

À travers cette optique, vous comprenez que le logiciel a une histoire à raconter. Chaque insecte, un rebondissement. Chaque test réussi, un indice menant à la résolution ultime. Votre rôle est de percer les mystères, d'identifier les défauts et de vous assurer que le logiciel répond aux normes de qualité qui lui sont fixées.

La nature curieuse

Pour exceller en tant que testeur, une curiosité et une curiosité inextinguibles deviennent vos étoiles directrices. Ces traits vous amènent à poser des questions que d'autres pourraient ne pas envisager. Vous remettez en question le statu quo et explorez au-delà de la surface. Votre objectif est de dévoiler les vulnérabilités, d'exposer les failles dans la conception ou les fonctionnalités du logiciel et, en fin de compte, de l'améliorer.

Des questions comme « Et si ? » et « Pourquoi pas ? » deviennent votre mantra. La recherche incessante de réponses permet de maintenir votre approche de test dynamique et approfondie. Votre rôle n'est pas seulement de valider que le logiciel fonctionne, mais de vous assurer qu'il fonctionne exceptionnellement bien.

Le scepticisme sain

Dans la forêt des logiciels, un scepticisme sain est votre allié. Bien que vous fassiez confiance à l'ingéniosité des développeurs, vous abordez leurs créations avec un certain scepticisme. Ce scepticisme n'est pas né du cynisme, mais d'un engagement à une vérification et à une validation approfondies. Vous questionnez et validez, sans jamais rien tenir pour acquis.

Le scepticisme garantit que ce qui apparaît à la surface s'aligne sur la réalité du logiciel. Il vous protège contre la complaisance et vous invite à examiner chaque aspect du logiciel.

Un élément clé de votre rôle en tant que testeur est de vous assurer que le logiciel tient ses promesses et répond aux attentes de ses utilisateurs. En tant que sceptique, vous mettez le logiciel au défi de prouver sa valeur et, ce faisant, vous découvrez des problèmes qui pourraient autrement échapper à l'attention.

Les sceptiques de votre équipe peuvent parfois être considérés comme les « avocats du diable », mais leurs contributions sont inestimables. Ils permettent d'identifier les failles, de confirmer que les fonctionnalités fonctionnent comme prévu et de garantir l'intégrité du logiciel.

Voir à travers les yeux de l'utilisateur

La capacité à se mettre à la place de l'utilisateur final n'est pas moins essentielle. En adoptant le point de vue de l'utilisateur, vous pouvez faire preuve d'empathie à l'égard de ses besoins, de ses attentes et de son expérience. Il ne suffit pas d'identifier les défauts ; Il est tout aussi essentiel de reconnaître l'impact de ces problèmes sur l'interaction de l'utilisateur final avec le logiciel.

Imaginez-vous dans la peau de l'utilisateur qui navigue dans le paysage numérique que vous testez. Le logiciel doit répondre à leurs besoins, leur offrir une expérience transparente et résoudre leurs problèmes. Il ne s'agit pas de trouver des défauts de manière isolée ; Il s'agit de comprendre l'impact de ces défauts sur le parcours de l'utilisateur.

Chaque fonctionnalité logicielle doit servir un objectif et chaque interaction doit être intuitive. En adoptant le point de vue de l'utilisateur, vous pouvez défendre ses besoins et vous assurer que le logiciel correspond à ses attentes.

Cultiver l'état d'esprit de cet utilisateur, c'est apporter un niveau d'empathie à vos tests. Il s'agit de se soucier non seulement du fonctionnement du logiciel, mais aussi de celui de l'utilisateur.

Cultiver l'état d'esprit du testeur

Ce chapitre vous présente l'état d'esprit du testeur aux multiples facettes. Au fur et à mesure de votre lecture, vous explorerez chaque facette en détail, de la curiosité et de la curiosité incessantes qui propulsent votre quête à la pensée critique et aux compétences en résolution de problèmes qui aident à percer les mystères du logiciel.

Nous verrons comment l'état d'esprit du détective vous aide dans vos enquêtes et comment les questions que vous posez façonnent votre approche des tests logiciels. Vous serez témoin du pouvoir du scepticisme en action, de la façon dont il vous amène à examiner tous les aspects du logiciel, à découvrir des divergences qui pourraient autrement échapper à l'attention.

Curiosité et curiosité

La curiosité et la curiosité dans le contexte des tests de logiciels font référence à la volonté innée du testeur d'explorer, de questionner et d'enquêter sur le logiciel examiné. Ces qualités impliquent un intérêt profond et sincère pour comprendre le fonctionnement du logiciel et une recherche incessante de la découverte de problèmes ou de défauts potentiels. Les testeurs curieux et curieux cherchent activement à se plonger dans les fonctionnalités, le comportement et les subtilités du logiciel, en posant souvent des questions et en menant des expériences pour mieux comprendre ses forces et ses faiblesses.

En un mot, la curiosité et la curiosité dans les tests impliquent une approche proactive et ouverte d'esprit de l'évaluation des logiciels, où les testeurs sont motivés par le désir d'apprendre, de découvrir et, en fin de compte, de contribuer à la qualité globale du logiciel en identifiant et en résolvant les problèmes potentiels.

Pourquoi c'est important : La curiosité et la curiosité sont au cœur de l'état d'esprit d'un testeur, car elles stimulent le désir d'explorer, de questionner et de découvrir les problèmes potentiels dans le logiciel.

Ce qu'il faut faire : les testeurs doivent chercher activement à comprendre le comportement du logiciel, à explorer ses fonctionnalités et à remettre en question les résultats attendus.

Comment faire : Des personnages comme Mani, Jaganath et Rupesh font preuve de curiosité et de curiosité. Mani explore activement les fonctionnalités logicielles, Jaganath remet en question les performances du système dans diverses conditions et Rupesh se plonge dans le code pour comprendre son comportement.

Exemple : Mani testait une nouvelle plateforme de commerce électronique. Sa curiosité l'a amené à explorer tous les recoins du site Web, imitant le comportement et les interactions des utilisateurs. Au cours de cette exploration, il a découvert un problème avec le panier d'achat, où il ne se mettait parfois pas à jour correctement. La curiosité et la curiosité de Mani lui ont permis de découvrir un défaut potentiellement important.

Pensée critique et résolution de problèmes

La pensée critique et la résolution de problèmes dans le contexte des tests de logiciels impliquent la capacité des testeurs à évaluer, analyser et évaluer systématiquement des situations et des défis complexes. Ces qualités englobent les aspects suivants :

Pensée critique : La pensée critique est la capacité de penser logiquement et rationnellement, de porter des jugements et de prendre des décisions judicieuses. Dans les tests logiciels, la pensée critique permet aux testeurs d'évaluer objectivement le comportement, les risques potentiels et les défauts du logiciel. Les testeurs dotés d'un esprit critique solide peuvent identifier les incohérences, évaluer l'impact des défauts et prendre des décisions éclairées sur la qualité du logiciel.

Résolution de problèmes : La résolution de problèmes est la compétence consistant à identifier les problèmes ou les défis dans le logiciel et à trouver des solutions efficaces. Les testeurs dotés de solides compétences en résolution de problèmes peuvent identifier les défauts, enquêter sur les causes profondes des problèmes et développer des stratégies pour les résoudre. Il s'agit notamment de concevoir des approches de test créatives et efficaces pour assurer une couverture complète.

La pensée critique et la résolution de problèmes dans les tests de logiciels impliquent la capacité de penser de manière analytique, d'évaluer le comportement du logiciel de manière critique et de fournir des solutions efficaces à tous les défis ou défauts rencontrés pendant le processus de test. Ces qualités sont essentielles pour garantir la qualité globale et la fiabilité des produits logiciels.

Pourquoi c'est important : La pensée critique et la résolution de problèmes sont essentielles, car elles permettent aux testeurs d'identifier les défauts et de prendre des décisions éclairées sur la qualité du logiciel.

Ce qu'il faut faire : Les testeurs doivent développer des compétences de pensée critique pour évaluer les risques potentiels, identifier les défauts et trouver des solutions aux problèmes.

Comment faire : Des personnages comme Mani, Jaganath et Pramod excellent dans la pensée critique et la résolution de problèmes. Mani évalue de manière critique les conceptions d'interface utilisateur, Jaganath identifie les goulots d'étranglement des performances et Pramod formule des stratégies pour des tests efficaces.

Exemple : Jaganath a été chargé de tester les performances d'une application Web complexe. Il a fait preuve d'esprit critique pour analyser l'architecture du système et anticiper les goulots d'étranglement potentiels. Ses connaissances l'ont amené à se concentrer sur des domaines spécifiques pendant les tests, ce qui l'a aidé à identifier les problèmes de performance dès le début du cycle de développement.

Le point de vue du testeur

Le point de vue du testeur dans les tests logiciels fait référence au point de vue unique qu'un testeur adopte lors de l'évaluation d'une application logicielle. Cette perspective se caractérise par l'accent mis par le testeur sur l'évaluation du logiciel du point de vue de l'utilisateur final, en mettant l'accent sur la convivialité, l'accessibilité et l'expérience globale de l'utilisateur. Essentiellement, il s'agit d'examiner le logiciel à travers les yeux des individus qui l'utiliseront en fin de compte.

Les éléments clés du point de vue du testeur sont les suivants :

Tests d'utilisabilité : Les testeurs évaluent la convivialité du logiciel en explorant son interface, sa navigation et son expérience utilisateur globale. Ils identifient tous les problèmes d'utilisabilité, tels que les mises en page déroutantes, les éléments qui ne répondent pas ou les flux de travail inefficaces.

Tests d'accessibilité : Les testeurs s'assurent que le logiciel est accessible aux personnes handicapées. Cela implique d'évaluer des fonctionnalités telles que les lecteurs d'écran, la navigation au clavier et les capacités de synthèse vocale pour garantir l'inclusivité.

Attentes des utilisateurs finaux : Les testeurs s'efforcent de comprendre les attentes et les besoins des utilisateurs finaux. Ils se concentrent sur les caractéristiques et les fonctionnalités qui comptent le plus pour le public cible, dans le but de répondre ou de dépasser ces attentes.

Le point de vue du testeur est essentiel pour s'assurer que le logiciel fonctionne non seulement correctement, mais aussi qu'il offre une expérience positive et conviviale. En adoptant cette perspective, les testeurs peuvent identifier les problèmes susceptibles d'avoir un impact sur la satisfaction des utilisateurs, et leurs commentaires contribuent à améliorer la qualité globale du logiciel.

Pourquoi c'est important : le point de vue du testeur est essentiel car il implique de voir le logiciel du point de vue de l'utilisateur final, en se concentrant sur la convivialité, l'accessibilité et l'expérience utilisateur globale.

Ce qu'il faut faire : les testeurs doivent changer d'état d'esprit pour tenir compte de la facilité d'utilisation du logiciel et de la façon dont il répond aux besoins des utilisateurs.

Comment faire : Des personnages comme Mani, Rupesh et Pramod adoptent le point de vue du testeur. Mani donne la priorité aux tests d'utilisabilité, Rupesh s'engage activement dans des tests centrés sur l'utilisateur et Pramod collabore avec les utilisateurs finaux pour comprendre leurs attentes.

Exemple : Rupesh a participé au test d'une application mobile pour une base d'utilisateurs diversifiée. Il a activement adopté le point de vue du testeur en s'engageant auprès de vrais utilisateurs et en recueillant leurs commentaires. Grâce à cette interaction, il a identifié des problèmes d'accessibilité pour les utilisateurs ayant une déficience visuelle. Le point de vue de Rumesh a permis à l'équipe d'apporter les améliorations nécessaires, améliorant ainsi la convivialité et l'inclusivité de l'application.

Dans chacune de ces sections, nous avons ajouté des exemples concrets pour souligner l'importance de l'état d'esprit d'un testeur, notamment la curiosité et la curiosité, la pensée critique et la résolution de problèmes, ainsi que l'adoption du point de vue du testeur pour obtenir des résultats de test de haute qualité.

Dans ce chapitre, nous posons les bases de votre transformation en un testeur compétent et adaptable. L'état d'esprit que nous explorons ici vous guidera tout au long de votre voyage. Que vous soyez un testeur novice ou chevronné, l'adoption de ces qualités est la première étape pour penser comme un testeur et exceller dans le domaine des tests logiciels.

Au fur et à mesure que nous progresserons dans le livre, nous disséquerons et développerons davantage ces qualités essentielles. Le parcours d'un testeur est dynamique, et en développant le bon état d'esprit, vous deviendrez apte à naviguer dans ses complexités.

Chapitre 2 : Souci du détail

Dans le monde complexe des tests logiciels, l'adage « le diable est dans les détails » ne pourrait pas sonner plus vrai. Pour réussir en tant que testeur de logiciels, l'attention inébranlable aux détails est une caractéristique caractéristique. Il ne s'agit pas seulement de détecter les défauts ; Il s'agit de scruter chaque aspect, en ne négligeant aucun détail dans la quête de la perfection logicielle.

Approfondissons cet aspect crucial, en explorant pourquoi il est important, ce que les testeurs doivent faire et comment le mettre en œuvre efficacement, illustré par des exemples en temps réel.

Pourquoi l'attention portée aux détails est-elle importante ?

Le souci du détail est le fondement des tests logiciels pour plusieurs raisons :

Dévoilement des vices cachés : Les défauts logiciels se cachent souvent dans les plus petites crevasses, ce qui les rend difficiles à détecter. L'attention portée aux détails permet aux testeurs de découvrir ces problèmes cachés, garantissant ainsi que le logiciel fonctionne parfaitement.

Minimiser les faux positifs et négatifs : les faux positifs (identification de problèmes qui n'existent pas) et les faux négatifs (absence de problèmes réels) peuvent être coûteux et chronophages. L'attention portée aux détails réduit le risque des deux, améliorant ainsi la précision des résultats des tests.

Amélioration de l'expérience utilisateur : les détails sont importants pour les utilisateurs finaux. Un problème mineur peut avoir un impact significatif sur leur expérience. L'attention portée aux détails garantit que ces nuances sont prises en compte, garantissant ainsi une expérience utilisateur positive.

Ce que les testeurs doivent faire :

Pour incarner efficacement l'attention portée aux détails, les testeurs doivent :

Examinez le logiciel sous différents angles : Les tests doivent impliquer l'évaluation du logiciel sous plusieurs angles, y compris les utilisateurs finaux, afin de s'assurer qu'aucun problème potentiel n'est négligé.

Exécuter les cas de test méticuleusement : chaque cas de test doit être exécuté avec précision, en suivant les étapes et les entrées définies. Cette approche méticuleuse garantit que tous les aspects du logiciel sont testés de manière approfondie.

Surveiller les réponses aux différentes entrées : La réponse du logiciel aux différentes entrées doit être surveillée de près. Cela implique de tester le logiciel dans diverses conditions, de l'utilisation de routine aux scénarios de stress extrême.

Comment mettre en œuvre le souci du détail :

Jetons un coup d'œil à la façon dont nos personnages, Mani, Jaganath et Rupesh, mettent en œuvre l'attention portée aux détails dans leurs processus de test.

Exemple 1 : Revue de code méticuleuse de Mani

Mani, un testeur chevronné, a été chargé de tester une application logicielle financière complexe. Son souci du détail l'a conduit à une découverte cruciale. Il a méticuleusement revu les calculs effectués par le logiciel. Cet examen minutieux a révélé une erreur subtile d'arrondissement qui, si elle n'avait pas été corrigée, aurait pu entraîner d'importants écarts financiers. L'examen méticuleux du code de Mani a sauvé la situation et la réputation de l'entreprise.

Exemple 2 : L'expertise de Jaganath en matière de tests de résistance

Jaganath se spécialise dans les tests de résistance. Son souci du détail brille lorsqu'il observe le comportement du logiciel dans des conditions extrêmes. Lors du test d'une application Web, Jaganath a remarqué que le système ralentissait parfois et affichait des erreurs pendant les heures de pointe. Ses observations détaillées ont permis d'identifier rapidement les goulots d'étranglement des performances, ce qui a permis à l'équipe de développement de résoudre rapidement ces problèmes.

Exemple 3 : Exécution méthodique d'un cas de test de Rupesh

Rupesh, connu pour sa précision et sa minutie, était responsable du test d'une application mobile. Il définissait méticuleusement ses cas de test et les exécutait minutieusement. Au cours des tests, il a découvert un problème apparemment mineur mais critique. L'application se figeait parfois lorsque les utilisateurs tentaient de créer de nouveaux comptes. La précision et la minutie de Rupesh ont permis d'éviter cette expérience potentiellement frustrante pour les utilisateurs, améliorant ainsi la qualité globale de l'application.

L'art de l'observation

L'art de l'observation dans les tests logiciels fait référence à l'habileté et à la pratique consistant à observer, analyser et enregistrer attentivement et systématiquement le comportement d'une application logicielle pendant les tests. Cet aspect des tests implique un examen minutieux et méthodique des réponses, des interactions et des fonctionnalités du logiciel afin d'identifier les défauts, les anomalies ou les domaines d'amélioration potentiels.

Les éléments clés de L'art de l'observation dans les tests de logiciels sont les suivants :

Surveillance systématique : les testeurs surveillent activement le logiciel pendant son fonctionnement, en observant comment il réagit à diverses entrées, interactions avec l'utilisateur et conditions environnementales. Il s'agit notamment de noter les comportements inattendus, les erreurs ou les écarts par rapport aux résultats attendus.

Collecte de données : les testeurs collectent des données pertinentes, qui peuvent inclure des journaux, des captures d'écran, des messages d'erreur ou des descriptions détaillées des comportements observés. Ces données sont cruciales pour documenter et signaler les défauts, ainsi que pour faciliter l'analyse et la résolution.

Souci du détail : Le souci du détail est primordial dans cette compétence. Les testeurs examinent méticuleusement les composants, les fonctionnalités et les flux de travail du logiciel pour détecter les problèmes, même les plus subtils, qui peuvent passer inaperçus pour les utilisateurs occasionnels.

Reproductibilité : Les observations doivent être reproductibles, ce qui signifie que les testeurs visent à recréer et à valider les problèmes observés par le biais de procédures de test systématiques. Cela permet de garantir la fiabilité et l'exactitude des défauts signalés.

L'art de l'observation est un aspect fondamental des tests logiciels, car il permet aux testeurs de découvrir des défauts, des anomalies ou des problèmes d'utilisabilité qui pourraient autrement rester cachés. Il contribue à la qualité globale du logiciel en veillant à ce qu'il fonctionne comme prévu et offre une expérience utilisateur positive.

Pourquoi c'est important : L'art de l'observation est essentiel car il permet aux testeurs de remarquer des détails subtils et de découvrir des défauts qui pourraient autrement passer inaperçus.

Ce qu'il faut faire : Les testeurs doivent développer de solides compétences d'observation pour évaluer méticuleusement le comportement du logiciel.

Comment faire : Des personnages comme Mani, Jaganath et Rupesh excellent dans l'art de l'observation. Mani porte une attention particulière aux éléments de l'interface utilisateur, Jaganath observe les mesures de performance du système et Rupesh examine le code à la recherche d'anomalies.

Exemple : Jaganath effectuait des tests de performances pour une application web. Au cours de son observation des mesures de performance, il a remarqué une tendance constante à une utilisation élevée du processeur lorsque certaines actions de l'utilisateur étaient effectuées. Ce constat l'a amené à identifier un problème de performance critique, permettant à l'équipe d'optimiser l'application pour une meilleure efficacité.

Précision et minutie

La précision et la minutie dans les tests logiciels font référence aux qualités d'exactitude, d'attention aux détails et d'exhaustivité que les testeurs doivent incarner lors de l'évaluation d'une application logicielle. Ces qualités sont cruciales pour s'assurer que le processus de test est rigoureux, complet et que tous les aspects du logiciel sont méticuleusement examinés.

Les éléments clés de la précision et de la minutie dans les tests logiciels sont les suivants :

Précision : les testeurs doivent exécuter les cas de test avec précision et exactitude, en veillant à ce que chaque étape de test soit effectuée correctement et que les résultats attendus soient validés méticuleusement.

Souci du détail : les testeurs portent une attention particulière aux moindres aspects du logiciel, notamment les interfaces utilisateur, les comportements du système et le traitement des données. Ils identifient et documentent méticuleusement les écarts, les incohérences ou les écarts par rapport au comportement attendu.

Exhaustivité : La rigueur implique une couverture complète des tests. Les testeurs conçoivent des cas de test qui couvrent divers scénarios, cas limites et combinaisons potentielles d'entrées pour s'assurer que tous les aspects du logiciel sont évalués.

Documentation : Une documentation détaillée et bien organisée est essentielle. Les testeurs conservent des enregistrements des cas de test, des résultats des tests, des rapports de défauts et de toute autre information pertinente. Cette documentation permet de suivre les progrès et de communiquer efficacement les résultats.

Répétabilité : Des tests précis et approfondis doivent être reproductibles, ce qui signifie que les cas de test et les procédures peuvent être exécutés de manière cohérente et fiable pour valider les résultats et vérifier l'absence de défauts.

La précision et la minutie sont des qualités essentielles qui contribuent à la fiabilité du processus d'essai et à la capacité d'identifier et de traiter efficacement les défauts. Ces qualités permettent de s'assurer que le logiciel fonctionne correctement, qu'il fonctionne comme prévu et qu'il offre une expérience utilisateur de haute qualité.

Pourquoi c'est important : La précision et la minutie sont essentielles, car elles garantissent que les tests sont exhaustifs et qu'aucun détail critique n'est oublié.

Ce qu'il faut faire : Les testeurs doivent maintenir un haut degré de précision et de minutie dans leurs efforts de test.

Comment faire : Des personnages comme Mani, Jaganath et Pramod font preuve de précision et de minutie. Mani vérifie méticuleusement chaque élément de l'interface utilisateur, Jaganath mesure rigoureusement les performances du système et Pramod effectue des examens détaillés des cas de test.

Exemple : Pramod examinait des cas de test pour un projet critique. Sa rigueur dans le processus d'examen lui a permis de repérer les incohérences et les ambiguïtés dans les étapes du test. En abordant ces questions, il s'est assuré que les cas de test étaient précis et que l'effort de test serait plus efficace.

Rapports et documentation

Les rapports et la documentation dans les tests logiciels font référence au processus systématique d'enregistrement, de résumé et de communication des activités, des résultats et des conclusions des tests de manière structurée et organisée. Cet aspect essentiel des tests implique la création d'enregistrements détaillés des cas de test, de l'exécution des tests, des défauts et d'autres informations pertinentes pour faciliter une communication claire, le suivi des progrès et la fourniture d'une vue complète du processus de test.

Les éléments clés de la création de rapports et de la documentation dans le cadre des tests logiciels sont les suivants :

Documentation des cas de test : les testeurs créent et tiennent à jour une documentation complète pour chaque cas de test, en spécifiant les objectifs du test, les étapes, les résultats attendus et toutes les données ou conditions préalables pertinentes.

Enregistrements d'exécution des tests : pendant l'exécution des tests, les testeurs enregistrent les résultats réels, les écarts par rapport aux résultats attendus et les détails de l'environnement de test.

Rapports de défauts : Les testeurs documentent les défauts qu'ils rencontrent pendant les tests, y compris une description détaillée du problème, les étapes à suivre pour le reproduire, sa gravité et toute information connexe.

Rapports d'avancement : les testeurs fournissent régulièrement des rapports d'avancement aux parties prenantes, décrivant l'état des activités de test, le nombre de cas de test exécutés, le pourcentage d'achèvement et tout problème ou préoccupation.

Traçabilité : la documentation permet d'établir la traçabilité, en reliant les cas de test aux exigences ou aux récits d'utilisateurs. Cela permet de s'assurer que les tests couvrent toutes les fonctionnalités spécifiées.

Données historiques : la documentation sert d'enregistrement historique des efforts de test, ce qui peut être utile à des fins de référence future, de test de régression ou d'audit.

Des rapports et une documentation efficaces améliorent la transparence, permettent une prise de décision éclairée et rationalisent la collaboration entre les équipes de test, les développeurs et les parties prenantes du projet. Ces dossiers constituent une ressource précieuse pour évaluer la qualité et la fiabilité du logiciel et pour identifier les domaines qui nécessitent une attention et des améliorations.

Pourquoi c'est important : Les rapports et la documentation sont essentiels, car ils communiquent efficacement les résultats et les défauts à l'équipe de développement et aux parties prenantes.

Ce qu'il faut faire : Les testeurs doivent maîtriser l'art de créer des rapports de test et une documentation clairs, concis et informatifs.

Comment faire : Des personnages comme Mani, Rupesh et Pramod sont doués pour le reportage et la documentation. Mani prépare des rapports de bogues détaillés avec des étapes claires pour reproduire les problèmes, Rupesh maintient une documentation de test complète et Pramod fournit des résumés de tests bien structurés.

Exemple : Rupesh a rencontré un défaut critique dans le code lors de la réalisation de révisions de code. Il a documenté le problème de manière claire et concise, y compris des captures d'écran et des détails sur le comportement attendu. Ce rapport détaillé a permis à l'équipe de développement d'identifier et de corriger rapidement le problème, garantissant ainsi une résolution efficace des défauts.

Dans le domaine des tests logiciels, l'attention portée aux détails n'est pas un concept abstrait, mais une approche tangible et pratique qui distingue les grands testeurs des autres. En dévoilant les vices cachés, en minimisant les faux résultats et en améliorant l'expérience utilisateur, il constitue le fondement de l'excellence des tests. Au fur et à mesure que vous portez une attention particulière aux détails, votre parcours dans le monde complexe des tests logiciels devient un parcours de minutie, de précision et d'engagement envers la perfection.

Au fur et à mesure que nous poursuivrons notre exploration à travers les chapitres, les principes abordés dans le chapitre 2 resteront vos étoiles directrices. Une attention inébranlable aux détails est essentielle, que vous soyez un novice ou un testeur chevronné, afin de s'assurer qu'aucun défaut n'échappe à l'attention dans la poursuite de la perfection logicielle.

Chapitre 3 :

Communication et

collaboration

Les tests de logiciels ne sont pas une entreprise solitaire ; Il se nourrit d'une communication et d'une collaboration efficaces. Ce chapitre explore le rôle central que jouent ces qualités dans la réussite des tests et la manière dont elles sont imbriquées dans l'état d'esprit du testeur.

Une communication efficace

Une communication efficace dans les tests logiciels fait référence à l'échange clair, articulé et ciblé d'informations entre les membres de l'équipe, les parties prenantes et les autres parties concernées tout au long du processus de test. Il englobe les compétences en communication verbale et écrite, la capacité de transmettre des concepts de test complexes de manière compréhensible et la promotion d'un environnement où les idées, les commentaires et les informations circulent de manière transparente.

Pourquoi c'est important :

Une communication efficace est essentielle à la réussite des projets de test. Il garantit que tous les membres de l'équipe sont sur la même longueur d'onde, réduit le risque de malentendus et facilite un processus de test collaboratif et transparent. De solides compétences en communication sont particulièrement cruciales pour que les testeurs transmettent les résultats des tests, signalent les défauts et engagent des discussions constructives avec les développeurs, les propriétaires de produits et les autres parties prenantes.

Ce qu'il faut faire :

Clarté et concision : S'efforcer d'être clair et concis dans la communication écrite et verbale afin de transmettre efficacement l'information.

Utilisez un langage précis et évitez le jargon inutile pour améliorer la compréhension.

Écoute active : Pratiquez l'écoute active pour bien comprendre les points de vue et les besoins des autres.

Encouragez une communication ouverte en créant un environnement où les membres de l'équipe se sentent écoutés et valorisés.

Personnalisation de la communication :

Adaptez la communication au public, en adaptant le niveau de détail technique en fonction de l'expérience et de l'expertise du destinataire.

Utilisez des aides visuelles, telles que des tableaux ou des diagrammes, lorsque vous expliquez des concepts de test complexes.

Comment faire :

Mani, Jaganath et Rupesh sont des exemples de communication efficace dans leurs rôles de testeurs. Mani, lorsqu'il communique les résultats des tests d'automatisation, utilise une documentation claire et concise qui met en évidence les principales conclusions et recommandations. Jaganath, dans les discussions sur les tests de performance, adapte son style de communication en fonction de l'audience, en fournissant des informations détaillées aux membres de l'équipe technique et en présentant des résumés de haut niveau aux parties prenantes non techniques. Rupesh, dans le domaine des tests d'expérience utilisateur, collabore activement avec les équipes de conception et de développement, en veillant à ce que les commentaires soient communiqués de manière constructive et contribuent à un processus de développement collaboratif.

Exemple:

Imaginez un scénario dans lequel un testeur identifie un défaut critique qui pourrait avoir un impact sur la convivialité du logiciel. Une communication efficace dans ce contexte implique de signaler rapidement le défaut à l'équipe de développement, d'articuler clairement le problème, de fournir des détails pertinents tels que les étapes à reproduire et de mettre l'accent sur l'impact potentiel sur les utilisateurs finaux. Cela permet de s'assurer que le défaut est compris et traité en temps opportun, ce qui permet d'éviter d'éventuels impacts négatifs sur la qualité du logiciel.

Une communication efficace ne consiste pas seulement à transmettre des informations ; Il s'agit de créer une compréhension commune au sein de l'équipe de test et de promouvoir la collaboration tout au long du cycle de vie du développement. Les testeurs qui maîtrisent une communication efficace contribuent de manière significative à la réussite des projets de test et favorisent un environnement de test positif et collaboratif.

Travail d'équipe et collaboration

Le travail d'équipe et la collaboration dans les tests de logiciels font référence à l'effort coordonné et harmonieux des individus au sein de l'équipe de test, ainsi qu'à l'engagement collaboratif avec d'autres parties prenantes impliquées dans le cycle de vie du développement de logiciels. Cela implique la capacité de travailler de manière transparente avec divers membres de l'équipe, de partager des connaissances et de contribuer collectivement aux objectifs de test. Un travail d'équipe efficace s'étend au-delà des tâches individuelles pour promouvoir un environnement de test collaboratif.

Pourquoi c'est important :

Le travail d'équipe et la collaboration sont essentiels pour obtenir une couverture complète des tests, en veillant à ce que les différents points de vue et expertises contribuent à l'identification des défauts potentiels. Une équipe de test cohésive favorise un environnement où les membres se sentent soutenus, valorisés et motivés à relever collectivement les défis des tests. La collaboration avec d'autres parties prenantes du projet améliore la compréhension globale et l'alignement avec les objectifs du projet.

Ce qu'il faut faire :

Communication ouverte : Encouragez une communication ouverte et transparente au sein de l'équipe de test, en favorisant un environnement où les idées et les préoccupations sont librement partagées.

Organisez des réunions d'équipe régulières pour discuter des progrès, des défis et résoudre les problèmes de manière collaborative.

Partage des connaissances : Partager activement les connaissances et les idées au sein de l'équipe, en favorisant une culture d'apprentissage continu.

Documentez les processus et les résultats des tests pour vous assurer que les membres de l'équipe ont accès aux informations pertinentes.

Adaptabilité et flexibilité : Adoptez l'adaptabilité et la flexibilité pour répondre efficacement à l'évolution des exigences du projet.

Collaborez avec les membres de l'équipe pour ajuster les stratégies de test en fonction de l'évolution des priorités.

Comment faire :

Mani, Jaganath et Rupesh font preuve d'un travail d'équipe et d'une collaboration efficaces dans leurs rôles de testeurs. Mani collabore activement avec d'autres testeurs d'automatisation, partageant des idées sur les nouvelles techniques et outils d'automatisation. Jaganath, en tant que responsable des tests de performance, collabore avec les développeurs pour comprendre l'architecture des applications et optimiser les stratégies de test de performance. Rupesh, spécialisé dans les tests d'expérience utilisateur, collabore étroitement avec les équipes de conception et de développement, en veillant à ce que les tests centrés sur l'utilisateur s'alignent sur les objectifs globaux du projet.

Exemple:

Imaginez un scénario dans lequel une équipe de test est confrontée à un changement soudain des exigences du projet, ce qui nécessite des ajustements de l'approche de test. Un travail d'équipe efficace implique une communication ouverte au sein de l'équipe pour discuter de l'impact des changements, partager des idées sur les défis potentiels en matière de tests et concevoir collectivement une stratégie pour répondre aux nouvelles exigences. Cet effort de collaboration permet de s'assurer que les tests restent alignés sur les objectifs du projet.

Le travail d'équipe et la collaboration sont non seulement cruciaux au sein de l'équipe de test, mais s'étendent également aux interactions avec les développeurs, les propriétaires de produits et les autres parties prenantes. Les testeurs qui privilégient le travail d'équipe contribuent à un environnement de test positif et collaboratif, améliorant ainsi la qualité globale du logiciel testé.

Combler le fossé entre les tests et le développement

Combler le fossé entre les tests et le développement dans les tests logiciels fait référence aux efforts de collaboration visant à favoriser une relation transparente et productive entre les équipes de test et de développement. Il s'agit de briser les silos, de promouvoir une communication ouverte et d'établir des processus qui améliorent la collaboration, contribuant ainsi à un cycle de vie de développement logiciel plus cohérent et plus efficace.

Pourquoi c'est important :

Une collaboration efficace entre les tests et le développement est cruciale pour fournir des logiciels de haute qualité. En comblant le fossé, les deux équipes travaillent en tandem, partagent leurs connaissances et contribuent collectivement à l'identification et à la résolution des défauts. Une approche collaborative réduit les frictions, accélère la résolution des défauts et favorise une responsabilité partagée pour la réussite globale du processus de développement logiciel.

Ce qu'il faut faire :

Planification et stratégie conjointes : collaborer à la planification et à la stratégie des tests afin d'aligner les efforts de test sur les objectifs de développement.

Impliquez les équipes de test et de développement dans les discussions sur la planification des versions et la mise en œuvre des fonctionnalités.

Documentation partagée : utilisez des plateformes de documentation partagée pour offrir une visibilité sur les processus et les résultats des tests aux équipes de test et de développement.

Documenter les défauts et leurs résolutions de manière transparente afin d'améliorer la compréhension mutuelle.

Équipes interfonctionnelles : envisagez de créer des équipes interfonctionnelles où les testeurs et les développeurs travaillent en étroite collaboration sur des fonctionnalités ou des projets spécifiques.

Encouragez les séances conjointes de résolution de problèmes pour résoudre les défauts et les défis complexes.

Comment faire :

Mani, Jaganath et Rupesh contribuent activement à combler le fossé entre les tests et le développement dans leurs rôles. Mani collabore avec les développeurs pour comprendre les subtilités techniques de l'application, en veillant à ce que les tests d'automatisation s'alignent sur les pratiques de développement. Jaganath, en tant que responsable des tests de performance, travaille en étroite collaboration avec les développeurs pour identifier les goulots d'étranglement des performances et mettre en œuvre des optimisations en collaboration. Rupesh, spécialisé dans les tests d'expérience utilisateur, s'engage activement avec les développeurs et les concepteurs pour aligner les tests sur l'expérience utilisateur prévue.

Exemple:

Imaginez un scénario dans lequel un défaut critique est identifié pendant les tests et nécessite une collaboration entre les testeurs et les développeurs pour être résolu. Pour combler le fossé, il faut communiquer clairement l'impact du défaut, analyser conjointement les causes potentielles et collaborer à la mise en œuvre d'une solution. Grâce à cet effort de collaboration, les deux équipes travaillent ensemble pour résoudre le problème, ce qui se traduit par un processus de résolution plus efficace et coordonné.

Combler le fossé entre les tests et le développement n'est pas seulement une question de collaboration ; Il s'agit de favoriser une culture de responsabilité partagée et de respect mutuel. Les testeurs qui contribuent activement à cette approche collaborative jouent un rôle central dans la création d'un cycle de vie de développement logiciel plus cohérent et plus efficace.

Chapitre 4 : Adaptabilité et tests agiles

Dans le paysage en constante évolution du développement logiciel, une qualité s'impose comme primordiale : l'adaptabilité. Ce chapitre est consacré à la compréhension de la façon dont l'adaptabilité, en particulier dans le contexte des tests Agile, est la pierre angulaire de l'épanouissement dans un environnement de développement rapide.

Méthodologies et tests agiles

Les méthodologies agiles sont un ensemble d'approches et de pratiques dans le développement de logiciels qui privilégient la flexibilité, la collaboration et le progrès itératif. Ces méthodologies sont conçues pour s'adapter à l'évolution des besoins et fournir des logiciels de manière incrémentielle. Le développement agile met l'accent sur les commentaires des clients, le travail d'équipe et la capacité à répondre rapidement à l'évolution des besoins.

Dans le contexte des tests logiciels, les tests agiles font référence aux pratiques et stratégies de test alignées sur les méthodologies agiles. Les testeurs travaillent en étroite collaboration avec les équipes de développement et les parties prenantes, souvent dans le cadre de cycles de développement courts appelés itérations ou sprints. Les tests agiles se caractérisent par leur capacité à fournir un retour d'information rapide, à ajuster les efforts de test en fonction de l'évolution des exigences et à hiérarchiser les fonctionnalités qui apportent le plus de valeur aux utilisateurs finaux.

L'objectif principal des tests Agile est de s'assurer que le logiciel répond aux normes de qualité tout en suivant le rythme de la nature dynamique du développement Agile. Cette approche permet d'identifier les défauts dès le début du processus de développement, favorise la collaboration entre les testeurs, les développeurs et les autres membres de l'équipe, et garantit que les tests s'alignent sur la nature itérative et incrémentielle des projets Agile.

Pourquoi c'est important : Les méthodologies et les tests agiles sont cruciaux car ils permettent aux testeurs d'aligner leurs processus sur la nature dynamique et itérative du développement agile, garantissant ainsi des tests rapides et flexibles.

Ce qu'il faut faire : les testeurs doivent bien connaître les principes agiles, comprendre le rôle des tests dans l'agilité et adapter leurs processus de test en conséquence.

Comment faire : Des personnages comme Mani, Rupesh et Pramod connaissent bien les tests agiles. Mani participe activement aux réunions debout quotidiennes, Rupesh s'assure que les tests sont alignés sur les objectifs du sprint et Pramod met l'accent sur les histoires d'utilisateurs dans les tests.

Exemple : Rupesh travaillait sur un projet agile où les exigences changeaient fréquemment. Il a compris que les tests devaient être adaptables. Lorsqu'une nouvelle user story a été ajoutée au sprint, il a rapidement ajusté les cas de test pour couvrir la nouvelle fonctionnalité, en veillant à ce que les tests restent alignés sur les objectifs du sprint.

Accepter le changement

L'acceptation du changement dans le contexte des tests logiciels fait référence à la capacité et à la volonté des testeurs de s'adapter à l'évolution des exigences, des priorités et des circonstances dans le cadre d'un projet de développement logiciel. Cela implique de reconnaître que le changement est une partie naturelle et inhérente du développement logiciel et d'être ouvert à apporter des ajustements aux stratégies de test, aux cas de test et à l'exécution des tests pour s'adapter à ces changements.

Les éléments clés de l'adoption du changement dans les tests logiciels sont les suivants :

Flexibilité : les testeurs doivent faire preuve de souplesse dans leur approche, en permettant de modifier les plans de test, les cas de test et les priorités en fonction de l'évolution des exigences du projet.

Apprentissage continu : L'acceptation du changement implique souvent l'acquisition de nouvelles connaissances et compétences pour suivre le rythme des technologies, des outils et des méthodologies de développement émergents.

Communication efficace : les testeurs doivent maintenir une communication ouverte et efficace avec les équipes de développement et les parties prenantes du projet afin de rester informés des changements et d'assurer l'alignement entre les efforts de test et de développement.

Adaptation rapide : les testeurs doivent s'adapter rapidement à l'évolution des besoins, qu'il s'agisse de nouvelles fonctionnalités, de mises à jour ou de changements de priorités. Cela peut également inclure la redéfinition des priorités des cas de test et se concentrer sur les domaines ayant le plus d'impact.

Collaboration : les testeurs doivent travailler en collaboration avec les équipes de développement pour comprendre les raisons des changements et s'assurer que les tests s'alignent sur l'évolution des objectifs du projet.

L'acceptation du changement est essentielle pour s'assurer que les tests logiciels restent efficaces et pertinents dans un environnement de développement dynamique et rapide. Les testeurs qui sont adaptables et ouverts au changement sont mieux équipés pour répondre à l'évolution des besoins du projet et pour fournir une rétroaction précieuse pour soutenir le processus de développement.

Pourquoi c'est important : Il est essentiel d'accepter le changement, car cela permet aux testeurs d'être flexibles et réactifs à l'évolution des exigences et des priorités du projet.

Ce qu'il faut faire : les testeurs doivent adopter un état d'esprit qui accueille les changements, reste ouvert aux commentaires et peut s'adapter à l'évolution des besoins du projet.

Comment faire : Des personnages comme Mani, Jaganath et Pramod acceptent facilement le changement. Mani s'adapte à l'évolution de la conception de l'interface utilisateur, Jaganath reste ouvert aux exigences de performance de dernière minute et Pramod ajuste les stratégies de test en fonction des modifications apportées au projet.

Exemple : Jaganath testait une application web lorsqu'une exigence de performance de dernière minute a été introduite. Au lieu de résister au changement, il s'en est réjoui. Il a rapidement ajusté ses scénarios de test pour inclure des tests de performance, s'assurant ainsi que le logiciel répondait aux nouvelles normes de performance.

Être agile dans un environnement de développement rapide

Être agile dans un environnement de développement rapide, dans le contexte des tests logiciels, fait référence à la capacité des testeurs à aligner leurs processus de test sur les principes et les pratiques des méthodologies agiles, en particulier dans les environnements de développement rapide. Il englobe un état d'esprit et un ensemble de pratiques qui permettent aux activités de test de suivre le rythme de la vitesse à laquelle les logiciels sont développés, mis à jour et publiés.

Les éléments clés de l'agilité dans un environnement de développement rapide dans le domaine des tests logiciels sont les suivants :

Tests collaboratifs : les testeurs collaborent activement avec les équipes de développement et d'autres parties prenantes, en participant à des réunions debout quotidiennes, à la planification de sprints et à des sessions rétrospectives.

Tests continus : Les tests sont effectués en continu tout au long du processus de développement, avec des cycles de test fréquents pour s'assurer que les nouvelles fonctionnalités développées sont validées et intégrées rapidement.

Itérations courtes : Les testeurs travaillent dans le cadre d'itérations de développement courtes (sprints) typiques des méthodologies agiles, dans le but de terminer les activités de test dans les délais de chaque sprint.

Rétroaction rapide : les testeurs fournissent un retour d'information rapide sur la qualité du logiciel, ce qui aide les développeurs à identifier et à résoudre les problèmes dès le début du cycle de développement.

Hiérarchisation : les testeurs hiérarchisent les cas de test et les efforts de test en fonction des caractéristiques et fonctionnalités les plus critiques, en alignant les tests sur les priorités du projet.

Stratégies de test adaptatives : Les testeurs adaptent leurs stratégies et approches de test pour s'adapter aux changements, en veillant à ce que les tests restent efficaces malgré l'évolution des exigences.

Automatisation : l'automatisation des tests est souvent un élément clé de l'agilité, car elle permet de tester rapidement et de manière répétitive les fonctionnalités critiques.

Être agile dans un environnement de développement rapide est crucial pour fournir des logiciels de haute qualité dans des scénarios où le développement est dynamique et itératif. Les testeurs qui adhèrent à ces principes sont bien équipés pour contribuer à la réussite des projets Agile et pour soutenir la livraison de logiciels fiables et riches en fonctionnalités dans des délais serrés.

Pourquoi c'est important : Il est essentiel d'être agile dans un environnement de développement rapide, car cela permet aux testeurs de suivre le rythme des versions fréquentes et de garantir des logiciels de haute qualité.

Ce qu'il faut faire : les testeurs doivent adopter un état d'esprit agile, hiérarchiser et exécuter les tests en permanence, et fournir un retour d'information rapide à l'équipe de développement.

Comment faire : Des personnages comme Mani, Rupesh et Pramod sont agiles dans des environnements rapides. Mani hiérarchise les scénarios de test critiques pour chaque sprint, Rupesh effectue des tests exploratoires rapides et Pramod fournit un retour d'information immédiat sur les défauts et les problèmes.

Exemple : Pramod faisait partie d'une équipe travaillant sur un projet avec des cycles de développement rapides. Il s'est attaché à fournir un retour d'information immédiat aux développeurs en signalant les défauts dès qu'il les identifiait. Cette approche agile a permis à l'équipe de développement de résoudre rapidement les problèmes, ce qui a permis d'obtenir des versions plus fluides et plus rapides.

Dans chacune de ces sections, nous avons ajouté des exemples concrets pour souligner l'importance de l'adaptabilité et des tests agiles, y compris les méthodologies et les tests agiles, l'acceptation du changement et l'agilité dans un environnement de développement rapide pour des tests réussis dans les projets agiles.

Chapitre 5 : L'empathie et les tests centrés sur l'utilisateur

L'empathie et les tests centrés sur l'utilisateur dans le contexte des tests logiciels font référence aux qualités et aux pratiques qui se concentrent sur la compréhension et la prise en compte des besoins, des préférences et des expériences des utilisateurs finaux. Les testeurs qui font preuve d'empathie et d'une approche centrée sur l'utilisateur donnent la priorité au point de vue des utilisateurs finaux, en veillant à ce que le logiciel réponde à leurs attentes et offre une expérience positive et satisfaisante.

L'empathie et les tests centrés sur l'utilisateur sont essentiels pour s'assurer que le logiciel fonctionne non seulement correctement, mais aussi qu'il offre une expérience positive et conviviale. Les testeurs qui incarnent ces qualités aident à créer des logiciels qui trouvent un écho auprès des utilisateurs finaux, contribuant ainsi à une plus grande satisfaction des utilisateurs et à un plus grand succès du produit.

Comprendre les utilisateurs finaux

Comprendre les utilisateurs finaux dans le contexte des tests de logiciels fait référence au processus d'obtention d'informations sur les individus ou les groupes qui utiliseront finalement le logiciel. Cette compréhension englobe divers aspects de l'expérience et des attentes de l'utilisateur final, y compris ses besoins, ses préférences et ses points faibles.

Les éléments clés de la compréhension des utilisateurs finaux dans les tests logiciels sont les suivants :

Profils d'utilisateurs : Création de profils d'utilisateurs détaillés ou de personas qui représentent les différents types de personnes qui utiliseront le logiciel. Ces profils aident les testeurs à adapter leurs efforts de test aux besoins spécifiques des utilisateurs.

Scénarios d'utilisation : développement de scénarios d'utilisation qui décrivent la façon dont les utilisateurs finaux sont susceptibles d'interagir avec le logiciel. Les testeurs prennent en compte divers cas d'utilisation et parcours utilisateur pour garantir des tests complets.

Commentaires des utilisateurs : recueillir les commentaires directs des utilisateurs finaux ou mener des enquêtes auprès des utilisateurs pour recueillir leurs pensées, leurs opinions et leurs préoccupations liées au logiciel.

Analyse de l'utilisabilité : Évaluation de la facilité d'utilisation du logiciel du point de vue de l'utilisateur final, en évaluant des facteurs tels que la facilité d'utilisation, la navigation et la convivialité globale.

Évaluation de l'accessibilité : S'assurer que le logiciel est accessible aux personnes handicapées et qu'il est conforme aux normes d'accessibilité pertinentes.

Il est essentiel de comprendre les utilisateurs finaux pour adapter les efforts de test à leurs besoins et à leurs attentes. Les testeurs qui donnent la priorité à la compréhension de l'utilisateur peuvent identifier et résoudre les problèmes qui ont un impact sur l'expérience utilisateur, ce qui se traduit par un logiciel plus convivial, plus attrayant et plus conforme aux exigences du public cible.

Pourquoi c'est important : Il est essentiel de comprendre les utilisateurs finaux, car cela permet de s'assurer que le logiciel répond à leurs besoins et à leurs attentes, ce qui se traduit par une plus grande satisfaction des utilisateurs et un plus grand succès sur le marché.

Ce qu'il faut faire : pour comprendre les utilisateurs finaux, les testeurs doivent rechercher activement des informations sur leurs besoins, leurs préférences et leurs points faibles. Il peut s'agir de mener des enquêtes, des entretiens ou des sessions de tests utilisateurs.

Comment faire : Des personnages comme Mani, Jaganath et Rupesh font preuve d'empathie en impliquant activement les utilisateurs finaux dans le processus de test. Mani cherche à obtenir des commentaires directs des utilisateurs finaux par le biais d'enquêtes et de tests d'utilisabilité pour découvrir les problèmes d'utilisabilité. Jaganath mène des entretiens avec les utilisateurs pour mieux comprendre leurs attentes, et Rupesh effectue des tests d'utilisabilité pour comprendre comment les utilisateurs réels interagissent avec le logiciel.

Exemple : Mani a organisé une session de test d'utilisabilité pour une application de santé qu'il testait. Il a invité les utilisateurs finaux, y compris les patients et le personnel médical, à interagir avec l'application et à donner leur avis. Grâce à leurs informations, il a identifié des problèmes critiques dans la navigation de l'application qui semaient la confusion chez les utilisateurs. Ces précieux commentaires ont permis d'améliorer considérablement la convivialité du logiciel, le rendant plus convivial et plus efficace.

Défendre les intérêts de l'utilisateur

La défense des intérêts de l'utilisateur dans le contexte des tests de logiciels fait référence à la pratique consistant à représenter et à défendre activement les intérêts, les besoins et les expériences des utilisateurs finaux tout au long du processus de développement de logiciels. Les testeurs qui défendent les intérêts de l'utilisateur jouent le rôle d'un défenseur de l'utilisateur, en veillant à ce que le logiciel soit conçu et testé pour répondre aux meilleurs intérêts de ceux qui l'utiliseront en fin de compte.

Les éléments clés de la défense des intérêts de l'utilisateur dans les tests logiciels sont les suivants :

Un état d'esprit centré sur l'utilisateur : les testeurs adoptent un état d'esprit centré sur l'utilisateur, plaçant l'utilisateur au premier plan de leurs efforts de test et de leur prise de décision.

Commentaires des utilisateurs : Rechercher activement et intégrer les commentaires des utilisateurs dans le processus de test. Les testeurs recueillent des informations auprès des utilisateurs finaux et utilisent ces commentaires pour définir les priorités et les stratégies de test.

Tests d'utilisabilité : Prioriser les tests d'utilisabilité pour évaluer la convivialité du logiciel et l'expérience utilisateur globale.

Considérations relatives à l'accessibilité : S'assurer que le logiciel est accessible aux personnes handicapées et qu'il respecte les normes d'accessibilité pertinentes.

Signalement des défauts : la défense des intérêts de l'utilisateur comprend le signalement et la résolution des défauts susceptibles d'avoir un impact sur l'expérience utilisateur, y compris les problèmes liés à la fonctionnalité, à la convivialité ou à l'accessibilité.

Collaboration : les testeurs travaillent en collaboration avec les équipes de développement pour s'assurer que les commentaires et les préoccupations des utilisateurs sont compris et traités efficacement.

La défense des intérêts de l'utilisateur est essentielle pour fournir un logiciel qui s'aligne sur les attentes des utilisateurs, offre une expérience utilisateur positive et répond aux besoins du public cible. Les testeurs qui assument ce rôle peuvent aider à créer des produits logiciels conviviaux et centrés sur l'utilisateur.

Pourquoi c'est important : Défendre les intérêts de l'utilisateur permet de s'assurer que les intérêts de l'utilisateur sont représentés pendant les phases de développement et de test, ce qui permet de prévenir les problèmes potentiels d'utilisabilité et de garantir une expérience utilisateur positive.

Ce qu'il faut faire : les testeurs doivent activement soulever les préoccupations relatives à l'expérience utilisateur, défendre les besoins des utilisateurs et fournir des commentaires aux utilisateurs pour éclairer les modifications de conception et les priorités de développement.

Comment faire : Des personnages comme Jaganath et Pramod jouent activement le rôle de défenseurs des utilisateurs. Jaganath soulève fréquemment des préoccupations en matière d'expérience utilisateur lors des réunions de projet, préconisant des changements de conception qui donnent la priorité aux besoins des utilisateurs. Pramod compile et présente les commentaires des utilisateurs pour éclairer les décisions de conception et les priorités de développement, en représentant activement le point de vue de l'utilisateur.

Exemple : Lors d'une réunion de projet, Jaganath a remarqué que les modifications proposées à l'interface utilisateur rendraient la tâche difficile pour les utilisateurs ayant des connaissances techniques limitées. Il a plaidé en faveur d'une conception simplifiée qui serait plus accessible à une base d'utilisateurs plus large. Sa persévérance à représenter le point de vue de l'utilisateur a permis d'obtenir une interface plus conviviale.

Amélioration de l'expérience utilisateur

L'amélioration de l'expérience utilisateur dans le contexte des tests de logiciels fait référence à la pratique consistant à identifier et à résoudre les problèmes, à optimiser les fonctionnalités et à formuler des recommandations qui contribuent à améliorer la satisfaction globale et la facilité d'utilisation du logiciel pour les utilisateurs finaux. Il s'agit de travailler activement à la création d'un produit logiciel qui offre une expérience positive, efficace et agréable à ceux qui l'utilisent.

Les éléments clés de l'amélioration de l'expérience utilisateur dans les tests de logiciels sont les suivants :

Améliorations de l'ergonomie : Identifier les zones du logiciel qui peuvent être déroutantes, difficiles à utiliser ou inefficaces et proposer des améliorations pour les rendre plus conviviales.

Intégration des commentaires des utilisateurs : intégrer les commentaires des utilisateurs dans le processus de test et les utiliser pour guider les améliorations qui répondent aux préoccupations et aux préférences des utilisateurs.

Tests d'utilisabilité : Effectuer des tests d'utilisabilité pour évaluer la facilité d'utilisation, la navigation et la convivialité globale du logiciel et faire des recommandations en fonction des résultats des tests.

Améliorations de l'accessibilité : S'assurer que le logiciel est accessible aux personnes handicapées en abordant les problèmes d'accessibilité et en apportant des améliorations pour répondre aux normes d'accessibilité pertinentes.

Recommandations de fonctionnalités : Suggérer des fonctionnalités ou des améliorations supplémentaires susceptibles d'améliorer l'expérience utilisateur et d'ajouter de la valeur au logiciel.

Conception centrée sur l'utilisateur : promouvoir une approche de conception et de développement qui donne la priorité au point de vue, aux besoins et aux préférences de l'utilisateur final.

L'amélioration de l'expérience utilisateur est essentielle pour créer un logiciel qui répond non seulement aux exigences fonctionnelles, mais offre également une interaction positive et satisfaisante pour les utilisateurs. Les testeurs qui se concentrent sur l'expérience utilisateur peuvent contribuer de manière significative au succès et à l'acceptation du produit logiciel.

Pourquoi c'est important : L'amélioration de l'expérience utilisateur est essentielle car elle permet d'améliorer la convivialité, l'accessibilité et la satisfaction globale, ce qui, à son tour, peut rendre le logiciel plus compétitif et plus performant.

Ce qu'il faut faire : les testeurs doivent prendre des mesures pratiques pour améliorer la convivialité, l'accessibilité et la satisfaction des utilisateurs des logiciels grâce à leurs efforts de test.

Comment faire : Des personnages comme Mani et Rupesh contribuent activement à améliorer l'expérience globale de l'utilisateur. Mani effectue des tests d'utilisabilité, identifie les améliorations de l'interface et implique les utilisateurs dans les discussions de conception afin de donner la priorité aux fonctionnalités centrées sur l'utilisateur. Rupesh participe activement aux discussions sur la conception et partage les informations obtenues lors des tests d'utilisabilité afin d'apporter des modifications à la conception qui améliorent l'expérience utilisateur.

Exemple : Mani a effectué des tests d'utilisabilité qui ont révélé des problèmes d'accessibilité pour les utilisateurs handicapés dans une application logicielle financière. Ces problèmes empêchaient une partie de la base d'utilisateurs d'utiliser efficacement le logiciel. Les conclusions de Mani ont incité l'équipe de développement à apporter des améliorations cruciales en matière d'accessibilité qui ont amélioré l'expérience globale de l'utilisateur, rendant le logiciel plus inclusif et convivial.

Chapitre 6 : Techniques de résolution de problèmes

Les techniques de résolution de problèmes dans le contexte des tests logiciels font référence aux méthodes et approches systématiques que les testeurs utilisent pour identifier, analyser et résoudre les problèmes ou les défis rencontrés au cours du processus de test. Ces techniques sont essentielles pour remédier aux défauts, optimiser les stratégies de test et garantir la qualité globale du logiciel.

Que la qualité du logiciel soit respectée. Les testeurs qui excellent dans ces techniques sont bien équipés pour contribuer à la réussite globale du processus de test et du projet de développement.

Identification des problèmes

Identification des problèmes : capacité à reconnaître et à documenter les problèmes, les défauts ou les anomalies au sein du logiciel, y compris la compréhension de leur portée et de leur impact potentiel.

Pourquoi c'est important : L'identification des problèmes est essentielle, car elle peut avoir de lourdes conséquences. Le fait de ne pas reconnaître les défauts peut entraîner des défaillances logicielles, l'insatisfaction des utilisateurs et même des failles de sécurité. Il est essentiel de comprendre la portée et l'impact potentiel des problèmes pour hiérarchiser efficacement les correctifs.

Ce qu'il faut faire : Mani, le testeur assidu, est toujours à l'affût des problèmes. Il explore activement les fonctionnalités logicielles, imite le comportement des utilisateurs et effectue des tests approfondis. Jaganath, connu pour son esprit critique, évalue les performances dans diverses conditions, à la recherche d'anomalies. Rupesh, le testeur soucieux du détail, examine méticuleusement le comportement du code.

Comment faire : Mani effectue des tests exploratoires et des analyses de valeurs limites. Jaganath se concentre sur les scénarios de test de performance, en tenant compte de différents niveaux de charge. Rupesh examine le code à l'aide d'outils de revue de code et d'analyse statique. Ils documentent tous les problèmes trouvés, y compris les descriptions détaillées, les étapes à reproduire et les données de test pertinentes.

Exemple : Mani testait une nouvelle plateforme de commerce électronique. Sa curiosité et sa curiosité l'ont amené à explorer l'ensemble du site Web, y compris le processus de connexion. Au cours des tests, il a découvert un problème où le site Web ne parvenait parfois pas à mettre à jour correctement le panier d'achat. Mani a documenté le problème, notant les étapes à reproduire et l'impact sur l'expérience utilisateur. Cette identification précoce a permis à l'équipe de développement de résoudre le problème rapidement, garantissant une expérience d'achat plus fluide pour les utilisateurs et évitant une perte potentielle de revenus pour la plate-forme de commerce électronique.

Analyse des causes profondes

L'analyse des causes profondes (RCA) dans les tests logiciels est un processus systématique et méthodique utilisé pour identifier les facteurs sous-jacents qui contribuent aux défauts, aux problèmes ou aux défis dans le processus de test. Il s'agit d'un examen complet des symptômes, de la compréhension de leur origine et de la détermination des causes fondamentales pour mettre en œuvre des actions correctives efficaces. RCA vise à s'attaquer aux problèmes fondamentaux plutôt qu'à simplement traiter les symptômes, en favorisant l'amélioration continue du processus de dépistage.

Pourquoi c'est important :

L'analyse des causes profondes est cruciale pour prévenir la récurrence des défauts et améliorer l'efficacité globale du processus de test. En identifiant et en traitant les causes sous-jacentes des problèmes, les testeurs peuvent mettre en œuvre des solutions ciblées qui améliorent la robustesse des stratégies de test, réduisent la probabilité de futurs défauts et contribuent à un environnement de test plus résilient et plus fiable.

Ce qu'il faut faire :

Triage des défauts : Établissez un processus systématique d'identification, de catégorisation et de hiérarchisation des défauts.

Organisez régulièrement des réunions de triage des défauts impliquant les principales parties prenantes afin de déterminer quels défauts justifient une analyse détaillée des causes profondes.

Collecte de données : Rassemblez des données pertinentes, y compris les rapports de défauts, les journaux de test et les commentaires des membres de l'équipe.

Documenter la séquence des événements menant à l'identification du défaut.

Diagrammes en arête de poisson et 5 pourquoi : Utilisez des outils tels que les diagrammes en arête de poisson pour représenter visuellement les causes potentielles du défaut.

Appliquez la technique des « 5 pourquoi » pour demander de manière itérative pourquoi un défaut s'est produit, en découvrant des couches plus profondes de causalité.

Comment faire :

Mani, Jaganath et Rupesh démontrent leur maîtrise de l'analyse des causes profondes dans le cadre de leurs rôles de test. Mani, confronté à une défaillance intermittente de l'automatisation, a effectué une analyse systématique, identifiant les données de test incohérentes comme étant la cause première. Jaganath, dans le cadre de tests de performance, a utilisé RCA pour déterminer que l'augmentation de la charge de l'utilisateur entraînait une dégradation des temps de réponse des applications. Rupesh, spécialisé dans les tests d'expérience utilisateur, a mené une RCA pour comprendre les facteurs contribuant aux incohérences de l'interface utilisateur entre les différents navigateurs.

Exemple:

Prenons l'exemple d'un scénario dans lequel un défaut est signalé en raison de calculs incorrects dans une application financière. Grâce à l'analyse des causes profondes, l'équipe de test peut découvrir que le défaut provient d'une mauvaise interprétation des règles métier pendant le processus de développement. En s'attaquant à la cause première, c'est-à-dire en clarifiant et en alignant les règles métier, l'équipe de test s'assure que des défauts similaires sont évités dans les versions futures.

L'analyse des causes profondes ne consiste pas seulement à trouver des solutions immédiates ; Il s'agit d'aller au cœur des enjeux pour mettre en place des mesures préventives. Les testeurs qui excellent dans l'analyse des causes profondes contribuent de manière significative à la fiabilité et à l'efficacité globales du processus de test.

Dépannage et débogage

Le dépannage et le débogage dans les tests logiciels impliquent le processus systématique d'identification, d'isolement et de résolution des problèmes, des erreurs ou des comportements inattendus au sein du logiciel. Il englobe un ensemble de techniques et de méthodologies visant à comprendre les causes profondes des problèmes et à mettre en œuvre des actions correctives. Un dépannage et un débogage efficaces sont des compétences essentielles pour les testeurs afin de s'assurer que le logiciel fonctionne comme prévu et de résoudre les problèmes qui peuvent survenir pendant les tests.

Pourquoi c'est important :

Le dépannage et le débogage jouent un rôle crucial pour garantir la fiabilité et la fonctionnalité des logiciels. En résolvant systématiquement les problèmes, les testeurs contribuent à la qualité globale du logiciel, améliorent l'expérience utilisateur et facilitent un processus de développement et de test plus fluide. Ces compétences sont particulièrement précieuses pour identifier et résoudre les défauts qui pourraient entraver la progression du cycle de test.

Ce qu'il faut faire :

Reproduction des problèmes : reproduisez les problèmes signalés de manière cohérente pour comprendre leur portée et leur comportement.

Documentez les étapes à suivre pour reproduire les problèmes, ce qui facilite leur analyse et leur résolution.

Utilisation d'outils de débogage : tirez parti des outils et techniques de débogage fournis par les environnements de développement intégrés (IDE) ou des outils de test de logiciels spécifiques.

Définissez des points d'arrêt, inspectez les variables et parcourez le code pour identifier la source des défauts.

Collaboration avec les développeurs : participez à des sessions de débogage collaboratif avec les développeurs pour obtenir des informations sur la base de code.

Partagez des informations pertinentes, telles que des journaux et des messages d'erreur, pour accélérer le processus de résolution.

Comment faire :

Mani, Jaganath et Rupesh font preuve de compétences efficaces en matière de dépannage et de débogage dans leurs rôles de testeur. Mani, lorsqu'il a été confronté à des échecs d'automatisation intermittents, a utilisé des outils de débogage pour identifier les points de défaillance spécifiques dans les scripts de test. Dans le cadre des tests de performance, Jaganath a utilisé des techniques de dépannage pour isoler les causes des goulots d'étranglement des performances, ce qui a permis d'obtenir des optimisations ciblées. Rupesh, spécialisé dans les tests d'expérience utilisateur, a collaboré avec les développeurs pour dépanner et résoudre les problèmes liés au rendu incohérent de l'interface utilisateur.

Exemple:

Prenons l'exemple d'un testeur qui rencontre un problème dans lequel une fonctionnalité spécifique d'une application web échoue à se charger par intermittence. Grâce à un dépannage systématique, le testeur peut identifier que le problème est lié au chargement asynchrone du contenu. En collaborant avec les développeurs et en utilisant des outils de débogage, le testeur peut identifier la cause première et suggérer une solution, garantissant ainsi un chargement cohérent de la fonctionnalité.

Le dépannage et le débogage ne consistent pas seulement à résoudre les problèmes, mais aussi à comprendre les causes sous-jacentes et à prévenir des problèmes similaires à l'avenir. Les testeurs qui excellent dans ces compétences contribuent de manière significative à la stabilité et à la fonctionnalité globales du logiciel testé.

Conception et stratégie de test

La conception et la stratégie de test dans les tests logiciels englobent la planification, la création et l'exécution de cas de test et de scénarios afin d'assurer une couverture complète du logiciel en cours d'évaluation. Il s'agit du développement systématique de cas de test basés sur les exigences, les spécifications et les attentes des utilisateurs. Une conception et une stratégie de test bien définies contribuent à l'exécution efficace des tests, à l'identification des défauts et à la qualité globale du logiciel.

Pourquoi c'est important :

La conception et la stratégie de test sont des éléments fondamentaux du processus de test, garantissant que les efforts de test s'alignent sur les objectifs et les exigences du projet. Une conception de test réfléchie et complète permet aux testeurs de vérifier systématiquement la fonctionnalité, les performances et la facilité d'utilisation du logiciel. Il permet également d'identifier les défauts dès le début du cycle de développement, ce qui réduit la probabilité que les problèmes atteignent l'environnement de production.

Ce qu'il faut faire :

Analyse des exigences : Analysez minutieusement les exigences et les spécifications du projet pour en déduire des scénarios de test.

Assurez-vous que les cas de test couvrent les scénarios fonctionnels, non fonctionnels et extrêmes.

Traçabilité : Établissez la traçabilité entre les cas de test et les exigences pour vous assurer que toutes les fonctionnalités sont testées de manière adéquate.

Utilisez des matrices de traçabilité pour suivre l'état des cas de test et leur alignement avec les objectifs du projet.

Tests basés sur les risques : hiérarchisez les cas de test en fonction des facteurs de risque, en vous concentrant sur les fonctionnalités critiques et les zones présentant une probabilité plus élevée de défauts.

Allouez les ressources de test proportionnellement au risque perçu associé aux différents composants.

Comment faire :

Mani, Jaganath et Rupesh font preuve de solides compétences en matière de conception et de stratégie de test dans leurs rôles de test. Mani, lorsqu'il développe des scripts de test d'automatisation, conçoit des composants modulaires et réutilisables pour assurer une couverture efficace. Jaganath, dans les tests de performance, formule des scénarios de test basés sur le comportement réaliste de l'utilisateur, en appliquant une approche basée sur les risques pour hiérarchiser les transactions critiques. Rupesh, spécialisé dans les tests d'expérience utilisateur, conçoit des cas de test qui simulent diverses interactions utilisateur afin d'évaluer la facilité d'utilisation du logiciel de manière exhaustive.

Exemple:

Imaginez un scénario où une nouvelle fonctionnalité est introduite dans une application de commerce électronique qui permet aux utilisateurs de personnaliser leurs commandes de produits. Une conception de test robuste implique la création de cas de test qui couvrent divers aspects, tels que la personnalisation des commandes, le traitement des paiements et la confirmation des commandes. En exécutant systématiquement ces cas de test, l'équipe de test peut s'assurer que la nouvelle fonctionnalité fonctionne comme prévu et n'a pas d'impact négatif sur d'autres zones de l'application.

La conception et la stratégie de test ne consistent pas seulement à créer des cas de test, mais aussi à aligner les efforts de test sur les objectifs du projet et à s'assurer que le logiciel répond aux attentes des utilisateurs. Les testeurs qui excellent dans ces domaines contribuent à un processus de test complet et efficace.

Collaboration

Collaboration : Travailler en étroite collaboration avec les équipes de développement et les parties prenantes pour comprendre la nature des problèmes et coordonner les efforts pour les résoudre efficacement.

Pourquoi c'est important : La collaboration est cruciale dans les tests de logiciels, car elle garantit que toutes les parties prenantes sont alignées et travaillent vers un objectif commun de fournir des logiciels de haute qualité. Une communication efficace et un travail d'équipe facilitent la résolution des problèmes, améliorent les stratégies de test et contribuent à la réussite globale du projet.

Ce qu'il faut faire : les testeurs doivent s'engager activement avec les équipes de développement, les propriétaires de produits et les autres parties prenantes du projet pour partager des informations, des idées et des commentaires. Ils doivent participer à des réunions debout quotidiennes, à la planification de sprints et à des sessions rétrospectives pour assurer une communication ouverte et transparente.

Comment s'y prendre : Mani, Jaganath et Rupesh comprennent l'importance de la collaboration. Mani communique les défauts et les problèmes à l'équipe de développement, en leur fournissant des informations claires et reproductibles. Jaganath collabore avec l'équipe de performance, partageant des informations sur les goulots d'étranglement potentiels. Rupesh travaille en étroite collaboration avec les développeurs lors des revues de code pour résoudre les problèmes à la source.

Exemple : lors d'une réunion de planification de sprint, Jaganath a partagé les résultats de ses tests de performance, qui indiquaient des goulots d'étranglement potentiels dans la fonctionnalité à venir. Sa collaboration avec l'équipe de développement leur a permis de résoudre de manière proactive les problèmes de performances, ce qui a permis d'optimiser le code et d'améliorer l'efficacité du logiciel. Cet effort de collaboration a permis d'obtenir un sprint plus fluide et une meilleure qualité de diffusion des fonctionnalités.

Dans chacune de ces sections, nous fournirons des exemples de scénarios et d'actions réelles effectués par les personnages pour souligner l'importance des techniques de résolution de problèmes, notamment l'analyse des causes profondes, le dépannage et le débogage, ainsi que la conception et la stratégie de test efficaces pour atteindre la qualité logicielle.

Chapitre 7 : Gestion du temps et établissement des priorités

La gestion du temps et la hiérarchisation dans le contexte des tests logiciels impliquent l'allocation stratégique des ressources et des efforts pour optimiser le processus de test. Il englobe l'utilisation efficace du temps, l'identification des tâches critiques et l'établissement de priorités pour s'assurer que les activités de test s'alignent sur les objectifs et les échéances du projet.

Gestion de la charge de travail

La gestion de la charge de travail dans le contexte des tests logiciels fait référence à la planification stratégique, à l'allocation et à la supervision des tâches pour s'assurer que les activités de test sont effectuées de manière efficiente et efficace. Il s'agit d'équilibrer les exigences des tests par rapport aux ressources disponibles, aux délais et aux priorités du projet afin d'optimiser la productivité et de fournir des logiciels de haute qualité.

Pourquoi c'est important : La gestion de la charge de travail est cruciale, car elle permet aux testeurs de gérer leurs tâches de manière efficace et efficiente, de maintenir leur productivité et d'éviter l'épuisement professionnel.

Ce qu'il faut faire : les testeurs doivent apprendre à gérer leur charge de travail en organisant les tâches, en fixant des objectifs réalistes et en évitant de trop s'engager.

Comment faire : Des personnages comme Mani, Jaganath et Rupesh font preuve d'une gestion efficace de la charge de travail. Mani organise efficacement ses tâches de test, Jaganath se fixe des objectifs clairs pour ses tests de performance et Rupesh évite de se surcharger de tâches.

Exemple : Jaganath avait une charge de travail importante pour tester les performances d'une application complexe. Pour le gérer efficacement, il a divisé les tâches en segments plus petits et gérables et a fixé des objectifs réalisables pour chaque segment. Cette approche lui a permis de maintenir sa productivité et d'assurer des tests de performance approfondis.

Hiérarchisation des cas de test

La hiérarchisation des cas de test dans le contexte des tests logiciels implique l'évaluation et l'organisation systématiques des cas de test en fonction de leur importance, de leur impact et de leur criticité. Il s'agit du processus d'identification et de séquençage des cas de test afin d'optimiser les efforts de test, en se concentrant sur les scénarios hautement prioritaires qui ont le plus grand impact potentiel sur la fonctionnalité, la stabilité et la qualité globale du logiciel.

Pourquoi c'est important : il est essentiel de hiérarchiser les cas de test, car cela permet de s'assurer que les fonctionnalités critiques sont testées en premier, ce qui réduit le risque de négliger des aspects importants du logiciel.

Procédure à suivre : les testeurs doivent hiérarchiser les cas de test en fonction des objectifs du projet, des fonctionnalités critiques et des risques potentiels.

Comment faire : Des personnages comme Mani, Rupesh et Pramod sont doués pour hiérarchiser les cas de test. Mani se concentre sur la priorisation des cas de test centrés sur l'utilisateur, Rupesh donne la priorité aux cas de test pour les cycles de développement rapides, et Pramod considère les cas de test alignés sur les objectifs et les exigences du projet.

Exemple : Rupesh testait un projet avec un cycle de développement rapide. Pour s'assurer que les aspects critiques du logiciel étaient testés de manière approfondie, il a donné la priorité aux cas de test liés aux fonctionnalités de base et aux changements fréquents de code. Cette approche lui a permis d'identifier rapidement les défauts critiques, ce qui a contribué à la qualité du logiciel.

Respect des délais

Définition : Le respect des délais dans le contexte des tests de logiciels fait référence à l'achèvement et à la livraison en temps opportun des activités de test dans les délais spécifiés dans le calendrier du projet. Cela implique une gestion efficace du temps, une planification stratégique et une exécution efficace pour s'assurer que les efforts de test s'alignent sur le calendrier et les jalons globaux du projet.

Pourquoi c'est important : Le respect des délais est essentiel pour la livraison réussie et en temps opportun des produits logiciels. Il garantit que les activités de test ne deviennent pas des goulots d'étranglement dans le processus de développement, ce qui permet une progression en douceur à travers les différentes phases du cycle de vie du développement logiciel. L'achèvement des tests en temps opportun facilite également l'identification et la résolution précoces des défauts.

Ce qu'il faut faire : les testeurs doivent collaborer avec les parties prenantes pour comprendre les délais, les jalons et les dates de publication critiques du projet. La planification des activités de test, la fixation d'objectifs réalistes et le suivi continu des progrès par rapport aux échéances contribuent à une gestion efficace des échéances. La communication et la transparence concernant les retards ou les défis potentiels sont des éléments essentiels pour respecter les délais avec succès.

Comment s'y prendre : Mani, Jaganath et Rupesh intègrent des stratégies pour respecter les délais dans leurs routines de test. Mani planifie les activités de test en fonction de l'échéancier du projet, en veillant à ce que les fonctionnalités critiques soient testées tôt. Jaganath collabore avec l'équipe de développement pour synchroniser les efforts de test avec les étapes de codage et d'intégration. Rupesh utilise des outils de gestion de projet pour suivre les progrès et ajuster les activités de test afin de respecter les délais.

Exemple : À l'approche de la date de publication d'un logiciel, le respect des échéances peut impliquer d'allouer des ressources supplémentaires aux activités de test critiques, de rationaliser l'exécution des tests et de hiérarchiser les cas de test à fort impact. Cela garantit que les tests sont terminés dans les délais définis, ce qui permet une validation approfondie du logiciel avant qu'il n'atteigne les utilisateurs finaux.

Chapitre 8 : L'intelligence émotionnelle

L'intelligence émotionnelle dans le contexte des tests logiciels fait référence à la capacité des testeurs à reconnaître, comprendre et gérer leurs propres émotions et celles des autres dans un cadre professionnel. Cela implique l'empathie, la conscience de soi, les compétences sociales et la capacité de gérer efficacement le stress et les conflits pendant le processus de test.

Conscience de soi et autorégulation

La conscience de soi dans le contexte des tests logiciels implique la capacité des testeurs à reconnaître et à comprendre leurs propres émotions, leurs forces, leurs faiblesses et la façon dont leurs émotions peuvent avoir un impact sur leur travail et leurs interactions avec les autres.

L'autorégulation est la capacité de gérer et de contrôler ses émotions, ses impulsions et ses réactions dans un cadre professionnel. Il s'agit notamment de garder son sang-froid sous pression, de s'adapter à des circonstances changeantes et de prendre des décisions judicieuses, même dans des situations difficiles.

Pourquoi c'est important : La conscience de soi et l'autorégulation sont toutes deux des éléments fondamentaux de l'intelligence émotionnelle. Les testeurs qui possèdent ces qualités peuvent naviguer dans le paysage dynamique et souvent exigeant des tests logiciels avec une plus grande efficacité. La conscience de soi permet aux testeurs de comprendre leurs préférences en matière de tests, leurs styles de communication et leurs domaines d'amélioration, tandis que l'autorégulation leur permet de gérer le stress, les conflits et les défis inattendus avec résilience.

Ce qu'il faut faire :

Conscience de soi : les testeurs doivent réfléchir à leurs émotions, réactions et comportements dans différents scénarios de test. Il s'agit notamment de reconnaître les préjugés personnels, de reconnaître les forces et les faiblesses et de comprendre comment leur approche des tests peut influencer la dynamique de l'équipe.

Autorégulation : Les testeurs doivent développer des stratégies pour gérer le stress, la frustration et d'autres émotions qui peuvent survenir pendant les tests. Cela implique de rester calme sous pression, de s'adapter aux changements de priorités et de prendre des décisions qui s'alignent sur les objectifs du projet, même dans des circonstances difficiles.

Comment s'y prendre : Mani, Jaganath et Rupesh cultivent activement la conscience de soi et l'autorégulation dans leurs rôles de test. Mani réfléchit à ses méthodologies d'évaluation et sollicite les commentaires de ses pairs pour s'améliorer continuellement. Jaganath garde son sang-froid pendant les phases de test critiques, s'adaptant à l'évolution des priorités. Rupesh aborde les conflits avec une approche calme et rationnelle, en veillant à ce que les décisions soient prises en collaboration et dans le meilleur intérêt de l'équipe.

Exemple : Dans un scénario où un défaut critique est découvert tard dans la phase de test, un testeur ayant une conscience de soi élevée reconnaît la frustration et le stress que la situation peut causer. Grâce à l'autorégulation, le testeur gère efficacement ces émotions, communique calmement le problème à l'équipe et collabore à une solution sans blâmer. Cette approche contribue à une dynamique d'équipe positive, même dans des circonstances difficiles.

La conscience de soi et l'autorégulation permettent aux testeurs de naviguer dans les complexités des tests logiciels avec professionnalisme, résilience et un état d'esprit constructif. Ces qualités contribuent à une culture d'équipe positive et améliorent l'efficacité globale des tests.

Empathie et compétences sociales

L'empathie dans le contexte des tests logiciels fait référence à la capacité des testeurs à comprendre et à partager les sentiments et les points de vue des autres, y compris les membres de l'équipe, les développeurs et les utilisateurs finaux. Cela implique la capacité de tenir compte de l'impact émotionnel des décisions, de communiquer avec sensibilité et d'établir des relations positives au sein de l'équipe de test.

Les compétences sociales englobent l'habileté à naviguer dans des situations sociales, à collaborer efficacement avec les membres de l'équipe et à favoriser un environnement de dépistage positif et inclusif. Cela implique une communication claire et respectueuse, une écoute active et la capacité de travailler harmonieusement avec diverses personnalités.

Pourquoi c'est important :

L'empathie et les compétences sociales font partie intégrante de l'intelligence émotionnelle, contribuant à la création d'une culture de test collaborative et solidaire. Les testeurs qui font preuve d'empathie peuvent mieux comprendre les besoins des utilisateurs, travailler efficacement avec des équipes interfonctionnelles et résoudre les conflits avec sensibilité. Les compétences sociales permettent une communication transparente, réduisant les malentendus et favorisant une dynamique d'équipe positive.

Ce qu'il faut faire :

Empathie : les testeurs doivent chercher activement à comprendre les points de vue, les préoccupations et les émotions des membres de l'équipe, des développeurs et des utilisateurs finaux. Cela implique de tenir compte de l'impact humain des décisions de test, de reconnaître la diversité des points de vue et de démontrer un intérêt réel pour le bien-être des autres.

Compétences sociales : Les testeurs doivent se concentrer sur une communication efficace, une écoute active et la capacité d'adapter leur style de communication aux différents membres de l'équipe. L'établissement de relations, la rétroaction constructive et la résolution collaborative des conflits sont des aspects clés de solides compétences sociales dans un environnement de test.

Comment faire :

Mani, Jaganath et Rupesh intègrent l'empathie et les compétences sociales dans leurs approches de test. Mani recherche activement les commentaires des développeurs et des utilisateurs finaux, en tenant compte de leurs points de vue dans les scénarios de test. Jaganath favorise une communication ouverte au sein de l'équipe de test, en veillant à ce que chacun se sente écouté et valorisé. Rupesh aborde les conflits avec une approche collaborative et empathique, favorisant une atmosphère d'équipe positive.

Exemple:

Dans une situation où un membre de l'équipe est confronté à une tâche de test difficile, un testeur avec une grande empathie reconnaît la difficulté et offre son soutien. Les compétences sociales entrent en jeu lorsque le testeur communique efficacement, collabore à la résolution de problèmes et s'assure que le membre de l'équipe se sent encouragé plutôt que découragé.

L'empathie et les compétences sociales contribuent à un environnement de test harmonieux, favorisant la collaboration, une communication efficace et une culture d'équipe positive. Les testeurs qui donnent la priorité à ces qualités améliorent l'efficacité globale et le bien-être de l'équipe de test.

Gérer le stress et les conflits

La gestion du stress et des conflits dans le contexte des tests logiciels implique la capacité des testeurs à gérer efficacement la pression, à naviguer dans des situations difficiles et à résoudre les désaccords ou les tensions au sein de l'équipe de test. Il englobe des stratégies pour garder son sang-froid, résoudre les conflits en collaboration et promouvoir un environnement d'équipe positif, même dans des scénarios de tests sous haute pression.

Pourquoi c'est important :

La nature des tests logiciels implique souvent des délais serrés, des défis inattendus et le risque de conflits. Les testeurs capables de gérer le stress et les conflits contribuent habilement à une dynamique d'équipe plus saine, maintiennent la productivité pendant les périodes difficiles et veillent à ce que les activités de test restent ciblées et efficaces.

Ce qu'il faut faire :

Gestion du stress : Les testeurs doivent développer des mécanismes d'adaptation pour gérer le stress pendant les phases d'essai à haute pression.

Les stratégies peuvent inclure l'établissement d'attentes réalistes, la hiérarchisation des tâches, la prise de pauses et la recherche de soutien auprès des membres de l'équipe.

Gestion des conflits : Les testeurs doivent aborder les conflits avec un état d'esprit collaboratif et axé sur les solutions.

La résolution efficace des conflits implique une écoute active, la compréhension de divers points de vue et la recherche de solutions mutuellement bénéfiques.

Comment faire :

Mani, Jaganath et Rupesh emploient des stratégies pour gérer le stress et les conflits dans leurs rôles de test. Mani garde son sang-froid en décomposant les tâches de test complexes en composants gérables pendant les périodes de stress. Jaganath résout les conflits en facilitant une communication ouverte au sein de l'équipe de test, en veillant à ce que les préoccupations soient entendues et prises en compte. Rupesh cherche activement à comprendre les causes profondes des conflits et travaille en collaboration à des résolutions qui profitent à l'ensemble de l'équipe.

Exemple:

Dans un scénario où un défaut critique est découvert tard dans la phase de test, les niveaux de stress peuvent augmenter au sein de l'équipe de test. Un testeur qui excelle dans la gestion du stress reste concentré sur la tâche à accomplir, communique efficacement avec l'équipe et collabore à l'élaboration d'un plan pour remédier au défaut sans créer de tensions inutiles.

Gérer le stress et les conflits avec résilience et un état d'esprit constructif est essentiel pour maintenir un environnement de test positif, assurer la productivité et favoriser une culture d'équipe collaborative. Les testeurs qui maîtrisent ces compétences contribuent à la réussite globale du processus de test.

Chapitre 9 :

Apprentissage et amélioration continus

L'apprentissage continu est le processus perpétuel d'acquisition de nouvelles connaissances, compétences et idées pour rester au courant de l'évolution constante du paysage des tests logiciels. Il s'agit d'un effort proactif et continu pour explorer les technologies émergentes, les méthodologies de test et les tendances de l'industrie. Les testeurs engagés dans l'apprentissage continu recherchent activement des occasions de développement professionnel, comme assister à des conférences, participer à des ateliers et s'engager dans un apprentissage autodirigé. Ce dévouement garantit que les testeurs restent bien informés, adaptables et capables d'appliquer les dernières avancées dans leurs pratiques de test.

Dans le domaine dynamique des tests logiciels, où de nouveaux outils et méthodologies émergent régulièrement, l'apprentissage continu est primordial. Il permet aux testeurs non seulement de suivre le rythme des progrès de l'industrie, mais aussi d'obtenir un avantage concurrentiel en gardant une longueur d'avance. La capacité d'intégrer de nouvelles connaissances dans les processus de test améliore l'efficience, l'efficacité et la qualité globale des résultats des tests.

La poursuite de l'amélioration est L'amélioration, dans le contexte des tests logiciels, implique une approche systématique pour améliorer les pratiques et les résultats des tests. Les testeurs qui se consacrent à l'amélioration évaluent régulièrement leurs processus, identifient les domaines à affiner et recherchent activement les commentaires de leurs pairs et les résultats des activités de test. Cet engagement envers l'amélioration continue est motivé par le désir d'optimiser les stratégies de test, d'accroître l'efficacité et de s'adapter à l'évolution des exigences du projet.

pour atteindre l'excellence dans les tests logiciels. Il permet aux testeurs de remédier aux inefficacités, d'apprendre des expériences passées et de répondre efficacement à l'évolution des besoins du projet. L'acceptation des commentaires et la recherche active d'opportunités d'amélioration contribuent à la maturité globale des processus de test et à la capacité de fournir constamment des résultats de haute qualité.

Rester à jour sur le terrain

Rester à jour dans le domaine des tests logiciels est le processus continu de rester informé des dernières tendances, technologies et meilleures pratiques dans le paysage en constante évolution du développement et des tests de logiciels. Les testeurs qui s'engagent à rester à jour recherchent activement des informations pertinentes et s'y engagent, en veillant à ce que leurs compétences et leurs connaissances restent à jour et alignées sur les progrès de l'industrie.

Pourquoi c'est important :

Le domaine des tests logiciels est dynamique, avec des technologies et des méthodologies qui évoluent rapidement. Il est essentiel pour les testeurs de rester à jour afin qu'ils puissent s'adapter aux nouveaux outils, techniques et normes de l'industrie. Il garantit que les pratiques de test restent efficaces, efficientes et capables de relever les défis posés par l'évolution des paradigmes de développement logiciel.

Ce qu'il faut faire :

Collecte continue d'informations : Abonnez-vous activement aux bulletins d'information, aux blogs et aux forums de l'industrie pour recevoir des mises à jour sur les dernières tendances et technologies.

Participez à des webinaires, des ateliers et des conférences pour rester en contact avec l'ensemble de la communauté des tests.

Engagement avec la communauté : Rejoignez des forums en ligne, des groupes de médias sociaux et des communautés de test locales pour participer à des discussions et partager des connaissances.

Collaborez avec vos pairs et participez à des rencontres pour échanger des idées et des expériences liées aux développements récents dans le domaine.

Comment faire :

Mani, Jaganath et Rupesh illustrent l'engagement à rester à jour dans leurs rôles de testeurs. Mani explore régulièrement les publications de l'industrie, reste actif sur les forums de test et assiste à des webinaires pour saisir les tendances émergentes. Jaganath s'engage activement auprès de la communauté des testeurs par le biais de forums en ligne et de rencontres locales, ce qui lui permet de rester au courant des dernières discussions de l'industrie. Rupesh, étant proactif, participe à des conférences et à des événements de réseautage, favorisant un état d'esprit d'apprentissage continu pour se tenir au courant des nouveaux développements.

Exemple:

Imaginez un scénario dans lequel un nouveau framework de test gagne en popularité au sein de la communauté des tests. Les testeurs qui s'engagent à rester à jour exploreraient rapidement ce cadre, comprendraient ses capacités et évalueraient son application potentielle dans leurs projets de test. Cette approche proactive leur permet d'intégrer des innovations précieuses dans leurs pratiques de test, contribuant ainsi à améliorer l'efficience et l'efficacité.

Se tenir à jour sur le terrain n'est pas seulement une pratique ; C'est un état d'esprit qui permet aux testeurs de naviguer avec succès dans le paysage dynamique des tests logiciels. En adhérant à cet engagement, les testeurs s'assurent de leur pertinence et contribuent de manière significative à l'avancement des pratiques de test dans le domaine en constante évolution du développement logiciel.

Apprendre de ses échecs et de ses erreurs

Apprendre des échecs et des erreurs dans le contexte des tests logiciels est le processus délibéré et systématique d'extraction d'informations, de leçons et d'améliorations précieuses à partir de cas où les efforts de test n'ont pas atteint les résultats souhaités. Il s'agit d'une approche réflexive pour comprendre les causes profondes des défaillances et des erreurs, mettre en œuvre des actions correctives et s'assurer que le processus de test évolue pour éviter des problèmes similaires dans les projets futurs.

Pourquoi c'est important :

Les échecs et les erreurs sont inhérents à toute entreprise complexe, et les tests logiciels ne font pas exception. La capacité d'apprendre de ces événements est cruciale pour les testeurs, car elle facilite l'amélioration continue, améliore la résilience et contribue à la maturité globale des pratiques de test. Considérer les échecs comme des opportunités de croissance et d'apprentissage est fondamental pour atteindre l'excellence dans le domaine.

Ce qu'il faut faire :

Analyse des causes profondes : menez des enquêtes approfondies pour identifier les causes profondes des défaillances et des erreurs.

Analysez l'ensemble du processus de test pour déterminer où les pannes se sont produites et pourquoi.

Mise en œuvre d'actions correctives : Élaborer et mettre en œuvre des actions correctives basées sur les informations tirées de l'analyse des défaillances.

Intégrez des améliorations dans les processus de test pour éviter que des problèmes similaires ne se reproduisent.

Comment faire :

Mani, Jaganath et Rupesh sont des exemples de l'engagement à apprendre de ses échecs et de ses erreurs. Mani, lorsqu'il a été confronté à un défaut critique lors du cycle de test précédent, a effectué une analyse détaillée des causes profondes pour comprendre les problèmes sous-jacents dans la conception du cas de test. Jaganath, confronté à des problèmes de performance dans une application web, a mis en place des actions correctives en affinant les stratégies de test de performance. Rupesh, confronté à un scénario où les commentaires des utilisateurs ont révélé des défauts négligés, a activement cherché à améliorer le processus de test d'acceptation par les utilisateurs.

Exemple : Prenons l'exemple d'une équipe de test confrontée à un défaut post-lancement qui n'a pas été identifié lors de la phase de test. Au lieu d'attribuer des responsabilités, l'équipe effectue une analyse approfondie pour comprendre les lacunes dans le processus de test. Ils découvrent que le défaut était lié à un scénario d'utilisation spécifique qui n'était pas couvert de manière adéquate dans les cas de test. En tirant les leçons de cette expérience, l'équipe révise la conception de ses cas de test et intègre des scénarios supplémentaires, afin d'éviter des oublis similaires lors des prochains cycles de test.

Apprendre de ses échecs et de ses erreurs n'est pas un signe de faiblesse, mais un témoignage de l'engagement d'un testeur envers l'amélioration continue. Considérer ces expériences comme des opportunités de croissance favorise un état d'esprit de test résilient et contribue à l'efficacité et à la fiabilité globales des pratiques de test logiciel.

Évolution de carrière dans le domaine des tests

L'évolution de carrière dans le contexte des tests de logiciels fait référence au développement continu et ciblé des compétences, des connaissances et des responsabilités qui contribuent à l'avancement d'un individu dans le domaine. Cela implique une planification stratégique, un apprentissage proactif et la recherche d'opportunités qui correspondent à ses aspirations professionnelles. L'évolution de carrière va au-delà de l'acquisition d'une expertise technique pour englober le leadership, le mentorat et les contributions à la communauté des tests au sens large.

Pourquoi c'est important :

L'évolution de carrière est essentielle pour que les testeurs restent motivés, épanouis et pertinents dans un secteur en évolution rapide. Il permet aux individus de passer de rôles de premier échelon à des postes de responsabilité, d'influence et de leadership accrus. La poursuite active de l'évolution de carrière garantit que les testeurs restent compétitifs, adaptables et capables d'apporter des contributions significatives à leur organisation et à la communauté des tests.

Ce qu'il faut faire :

Fixer des objectifs de carrière : Définir des objectifs de carrière à court et à long terme, en tenant compte des aspects techniques et du leadership.

Alignez les objectifs sur vos intérêts personnels, les tendances de l'industrie et les besoins de l'organisation.

Développement continu des compétences : Identifiez les compétences clés requises pour l'avancement professionnel et travaillez activement à les acquérir et à les perfectionner.

Tenez-vous au courant des technologies et des méthodologies émergentes pertinentes pour les tests.

À la recherche d'opportunités : Rechercher activement des opportunités d'avancement professionnel au sein de l'organisation actuelle.

Explorez les rôles qui offrent de nouveaux défis, de nouvelles responsabilités et de nouvelles possibilités d'application des compétences.

Comment faire :

Mani, Jaganath et Rupesh présentent diverses voies d'évolution de carrière dans le domaine des tests. Mani, animé par une passion pour l'automatisation des tests, a poursuivi les certifications pertinentes et a activement contribué à des projets d'automatisation, ce qui lui a valu d'être promu à un poste de responsable des tests d'automatisation. Reconnaissant l'importance des tests de performance, Jaganath a pris l'initiative de devenir l'expert de référence de son équipe, puis d'occuper un poste de responsable des tests de performance. Rupesh, qui s'intéresse vivement aux tests d'expérience utilisateur, a collaboré activement avec les équipes de conception et de développement, ce qui l'a conduit à un rôle de spécialiste des tests d'expérience utilisateur.

Exemple:

Prenons l'exemple d'un testeur qui aspire à passer d'un rôle de test manuel à celui d'ingénieur en automatisation des tests. L'individu pourrait se fixer comme objectif d'acquérir des compétences en automatisation, de participer à des programmes de formation pertinents et de contribuer activement à des projets d'automatisation au sein de l'organisation. En conséquence, le testeur améliore non seulement son expertise technique, mais se positionne également pour des rôles qui impliquent des responsabilités d'automatisation avancées.

L'évolution de carrière dans le domaine des tests est un parcours dynamique qui implique une combinaison d'autoréflexion, de développement des compétences et de prise de décision stratégique. Il permet aux testeurs de façonner leur trajectoire professionnelle, contribuant de manière significative à leur satisfaction personnelle et à l'avancement global du domaine des tests logiciels.

Conclusion - Le testeur holistique

Dans le dernier chapitre, nous nous sommes penchés sur le concept d'un testeur holistique qui possède non seulement une expertise technique, mais qui embrasse également un large éventail de compétences générales. C'est la combinaison harmonieuse de ces compétences qui définit un testeur performant.

Tout au long de ce livre, nous avons suivi les parcours de personnages comme Mani, Jaganath, Rupesh et Pramod alors qu'ils naviguaient dans le monde complexe des tests. Ils ont démontré l'importance de comprendre le « pourquoi » de leurs actions, le « quoi » qu'ils devaient faire et le « comment » ils exécutaient leurs tâches.

Un testeur holistique comprend que les tests ne consistent pas seulement à trouver des défauts ; Il s'agit de s'assurer que le logiciel remplit son objectif de manière efficace, efficiente et avec la meilleure expérience utilisateur.

Nous avons exploré une multitude de domaines, de la pensée critique aux tests centrés sur l'utilisateur, en passant par les techniques de résolution de problèmes, la gestion du temps, l'intelligence émotionnelle et l'apprentissage continu. Ces facettes mettent en évidence l'ensemble des compétences polyvalentes requises pour exceller dans le domaine des tests.

Dans le monde des tests, le testeur holistique comprend qu'il ne s'agit pas seulement de savoir comment écrire des cas de test ou les exécuter ; Il s'agit de faire preuve de curiosité, d'empathie envers les utilisateurs, de s'adapter au changement et d'être agile dans un environnement en évolution rapide. Il s'agit de communiquer efficacement, de collaborer avec des équipes interfonctionnelles et de défendre les intérêts de l'utilisateur.

Un testeur holistique reconnaît l'importance de l'analyse des causes profondes, du dépannage, du débogage, de la conception des tests, de la hiérarchisation, du respect des délais, de la gestion de la charge de travail et de la résolution des conflits avec grâce et professionnalisme.

De plus, le testeur holistique gère ses émotions, apprend de ses échecs et adopte l'amélioration continue. Ils donnent la priorité à leur croissance professionnelle, reconnaissant que rester à jour, apprendre des expériences et poursuivre le développement de carrière sont des éléments essentiels d'une carrière de test épanouissante.

En conclusion, le testeur holistique est un professionnel aux multiples facettes qui combine compétences techniques et relationnelles pour exceller dans le domaine dynamique des tests. Ils comprennent que la réussite des tests va au-delà de la détection des défauts ; Il s'agit de contribuer à la création de logiciels de haute qualité qui répondent aux besoins et aux attentes des utilisateurs finaux. Alors que vous vous lancez dans votre propre voyage en tant que testeur, rappelez-vous les leçons et les idées partagées par Mani, Jaganath, Rupesh,

Pramod et leurs expériences pour devenir des testeurs holistiques. Efforcez-vous d'équilibrer à la fois l'expertise technique et les compétences générales pour devenir un testeur vraiment efficace et percutant dans votre carrière de testeur.

AMUSANT À LIRE : 100 citations pour les TESTEURS

1. « Dans le monde des essais, il n'y a pas de ligne d'arrivée. »

2. « Un testeur est une personne qui sait qu'il y a toujours quelque chose de plus à apprendre. »

3. « Tester ne consiste pas à trouver des bogues ; Il s'agit de comprendre le système.

4. « Derrière chaque logiciel réussi, il y a un testeur méticuleux. »

5. « Tester est un art, et le testeur est l'artiste. »

6. « Un bon testeur n'explore pas seulement le logiciel, mais aussi les possibilités. »

7. « Tester, c'est humain, automatiser, c'est divin. »

8. « Les tests, c'est comme un roman policier ; Vous devez découvrir les vérités cachées.

9. « Dans le monde du codage, le testeur est le héros méconnu. »

10.   « Tester, il ne s'agit pas seulement de détecter les défauts, mais aussi de s'assurer que le comportement du logiciel est conforme aux attentes. »

11.   « L'état d'esprit d'un testeur : tout remettre en question, ne rien supposer. »

12.   « Les meilleurs testeurs sont ceux qui cassent les choses avant qu'elles ne soient cassées. »

13.   « Les tests ne concernent pas seulement le logiciel ; C'est une question d'expérience utilisateur.

14.   « La qualité n'est pas un acte ; c'est une habitude.

15.   « Le but d'un testeur n'est pas de casser le logiciel mais de révéler ses faiblesses potentielles. »

16.   « Les tests sont un voyage de découverte sans fin. »

17.   « Le rapport d'un testeur est une carte qui guide les développeurs vers le trésor d'un logiciel exempt de bogues. »

18.   « La joie de tester réside dans le frisson de trouver l'inattendu. »

19.   « Les tests ne consistent pas à prouver, mais à améliorer. »

20.   « La découverte d'un bug est une leçon apprise. »

21.   « Les yeux d'un testeur peuvent voir ce que les autres négligent. »

22.   « Le dépistage n'est pas qu'une phase ; C'est un mode de vie dans le développement de logiciels.

23.   « Derrière chaque version réussie, il y a une équipe de testeurs dévoués. »

24.   « Les tests sont la science des possibles et l'art des probabilités. »

25.   « Un bon testeur, c'est comme un bon détective, il pose toujours les bonnes questions. »

26.   « Tester n'est pas un travail ; C'est une responsabilité envers la qualité.

27.   « Le superpouvoir d'un testeur : transformer le chaos en clarté. »

28.   « Dans le monde du codage, les testeurs sont les gardiens de la qualité. »

29.   « Les tests ne se limitent pas au code ; C'est une question de confiance de l'utilisateur.

30.   « On se souvient de la qualité longtemps après que le prix a été oublié. »

31.   « Les tests sont le processus d'évaluation d'un système ou de ses composants dans le but de déterminer s'il répond ou non aux exigences spécifiées. »

32.   « L'esprit d'un testeur est un jardin de scénarios qui attendent de s'épanouir. »

33.   « Les tests ne servent pas seulement à confirmer que le logiciel fonctionne, mais aussi à explorer comment il échoue. »

34.   « Le meilleur logiciel est écrit lorsque le testeur est considéré comme faisant partie de l'équipe, et non comme une entité distincte. »

35.   « Tester ou ne pas tester ne devrait jamais être une question ; c'est une nécessité.

36.   « Les tests sont l'art de s'assurer que tout fonctionne, même lorsque vous savez que ce ne sera pas le cas. »

37.   « Un testeur est un conteur, qui raconte le parcours de la qualité logicielle. »

38.   « Tester n'est pas seulement une tâche ; C'est un voyage vers la perfection.

39.   « L'objectif d'un testeur n'est pas seulement de trouver des défauts, mais d'éviter qu'ils ne se reproduisent. »

40.   « Dans le monde du codage, les testeurs sont les gardiens de la satisfaction des utilisateurs. »

41.   « Tester, ce n'est pas avoir raison ; Il s'agit de trouver ce qui ne va pas.

42.   « Le rôle d'un testeur n'est pas seulement de trouver des bogues, mais de s'assurer que le logiciel se comporte comme prévu. »

43.   « Tester n'est pas un travail ; Notre mission est d'offrir une expérience utilisateur irréprochable.

44.　　« La qualité n'est pas un acte, c'est une habitude. »

45.　　« L'esprit d'un testeur est un résolveur d'énigmes, trouvant des pièces qui s'emboîtent parfaitement. »

46.　　« Les tests sont le cœur du développement logiciel, ce qui permet de s'assurer qu'il reste vivant et en bonne santé. »

47.　　« L'outil d'un testeur n'est pas seulement le cadre de test ; C'est l'état d'esprit de briser les barrières. »

48.　　« Les tests ne se limitent pas à l'exécution de scripts ; Il s'agit de comprendre l'histoire du logiciel. »

49.　　« La qualité n'est pas qu'une simple liste de contrôle ; C'est un engagement envers l'excellence. »

50.　　« Un testeur est une force silencieuse, qui s'assure que le logiciel parle le langage de la perfection. »

51.　　« Les tests sont la boussole qui guide le développement logiciel dans la bonne direction. »

52.　　« Le rapport d'un testeur n'est pas seulement un document ; C'est un témoignage de la résilience du logiciel.

53.　　« Dans le domaine des tests, chaque bogue trouvé est un pas vers un meilleur logiciel. »

54.　　« Le défi d'un testeur n'est pas seulement de trouver des problèmes ; Il s'agit de comprendre le contexte de l'échec.

55.　　« Le test est l'art de révéler ce qui se cache sous la surface du code. »

56.　　« Un bon testeur ne se contente pas de signaler des bogues ; Ils racontent l'histoire du parcours du logiciel.

57.　　« Le dépistage est un voyage qui ne s'arrête jamais. »

58.　　« Le code d'un testeur a autant d'impact que le code d'un développeur. »

59.　　« Les tests ne concernent pas seulement le logiciel ; Il s'agit de faire confiance à chaque ligne de code.

60.　　« La patience d'un testeur est son plus grand atout dans la quête de la perfection. »

61.　　« Les tests sont un dialogue continu entre le code et la qualité. »

62.　　« Le retour d'expérience d'un testeur est un cadeau qui façonne l'évolution du logiciel. »

63.　　« La qualité est le reflet du dévouement d'un testeur envers l'excellence. »

64.　　« L'instinct d'un testeur est une boussole dans le vaste paysage du code. »

65.　　« Les tests ne consistent pas seulement à casser des choses ; Il s'agit de renforcer la résilience.

66.　　« La curiosité d'un testeur est l'étincelle qui allume la flamme de la découverte. »

67.　　« La qualité n'est pas seulement un objectif ; C'est une norme respectée par tous les testeurs.

68. « Les idées d'un testeur sont le phare qui guide le développement à travers les mers orageuses. »

69. « Les tests, c'est l'assurance silencieuse que chaque ligne de code compte. »

70. « La vigilance d'un testeur est le bouclier qui protège les utilisateurs contre les défis imprévus. »

71. « La qualité n'est pas qu'une mesure ; C'est l'essence même de l'engagement d'un testeur.

72. « La rigueur d'un testeur est la base sur laquelle repose la fiabilité d'un logiciel. »

73. « Les tests sont le pont entre l'imagination et la réalité dans le monde du logiciel. »

74. « La précision d'un testeur est le pinceau qui peint la toile d'une expérience utilisateur sans faille. »

75. « La qualité n'est pas qu'un mot à la mode ; C'est le cœur du travail de chaque testeur.

76. « La capacité d'adaptation d'un testeur est la clé pour naviguer dans le paysage en constante évolution du développement logiciel. »

77. « Le test est la symphonie méconnue qui orchestre l'harmonie du code. »

78. « L'empathie d'un testeur est la boussole qui guide l'utilisateur dans son parcours logiciel. »

79. « La qualité n'est pas qu'une case à cocher ; C'est l'héritage que chaque testeur laisse derrière lui.

80. « La collaboration d'un testeur est le ciment qui lie les divers éléments du développement. »

81.　　« Les tests sont l'art de transformer les défis en opportunités d'amélioration. »

82.　　« L'agilité d'un testeur est l'arme secrète dans le domaine trépidant du développement logiciel. »

83.　　« La qualité n'est pas qu'une destination ; C'est le voyage que tous les testeurs entreprennent.

84.　　« La résilience d'un testeur est l'armure qui résiste aux défis du développement logiciel. »

85.　　« Les tests sont la sentinelle silencieuse qui garde les portes d'une expérience utilisateur transparente. »

86.　　« L'innovation d'un testeur est le catalyseur de l'amélioration continue des logiciels. »

87.　　« La qualité n'est pas qu'un résultat ; C'est l'aboutissement du dévouement d'un testeur.

88.　　« La clairvoyance d'un testeur est la lanterne qui éclaire le chemin vers la fiabilité logicielle. »

89.　　« Les tests sont la tapisserie qui intègre la satisfaction de l'utilisateur dans chaque ligne de code. »

90.　　« La curiosité d'un testeur est l'étincelle qui allume la flamme de la découverte. »

91.　　« La qualité n'est pas qu'une référence ; C'est la norme respectée par tous les testeurs.

92.　　« La rigueur d'un testeur est la base sur laquelle repose la fiabilité d'un logiciel. »

93.　　« Les tests sont le pont entre l'imagination et la réalité dans le monde du logiciel. »

94.   « La précision d'un testeur est le pinceau qui peint la toile d'une expérience utilisateur sans faille. »

95.   « La qualité n'est pas qu'un mot à la mode ; C'est le cœur du travail de chaque testeur.

96.   « La capacité d'adaptation d'un testeur est la clé pour naviguer dans le paysage en constante évolution du développement logiciel. »

97.   « Le test est la symphonie méconnue qui orchestre l'harmonie du code. »

98.   « L'empathie d'un testeur est la boussole qui guide l'utilisateur dans son parcours logiciel. »

99.   « La qualité n'est pas qu'une case à cocher ; C'est l'héritage que chaque testeur laisse derrière lui.

100.   « La collaboration d'un testeur est le ciment qui lie les divers éléments du développement. »

Annexe : Ressources pour l'apprentissage

Dans cette annexe, nous présentons une liste de ressources pour soutenir votre apprentissage et votre développement continus dans le domaine des tests de logiciels. Ces ressources mettent l'accent sur l'état d'esprit et les compétences générales essentielles à la réussite des tests, en fournissant des conseils pratiques et des exemples concrets.

Livres:

Explorez des publications telles que celles axées sur les tests agiles, les tests exploratoires et les leçons apprises dans les tests logiciels.

Cours et tutoriels en ligne :

Accédez à des plateformes en ligne proposant des cours couvrant divers aspects des tests, notamment la conception et l'automatisation des tests.

Communautés de test :

Participez à des communautés en ligne, des forums et des plateformes de questions-réponses où les testeurs partagent leurs connaissances et leurs expériences.

Conférences et webinaires :

Explorez les conférences et les webinaires offrant des informations sur divers sujets de test.

Blogs et sites web :

Lisez des blogs et des articles d'experts de l'industrie et de communautés de testeurs.

Podcasts :

Écoutez des podcasts axés sur l'automatisation des tests et divers aspects des tests logiciels.

Associations professionnelles :

Explorez les certifications et les adhésions offertes par des associations de test reconnues.

Certifications:

Envisagez des certifications mondialement reconnues qui valident vos connaissances des principes et des pratiques de test logiciel.

Médias sociaux :

Suivez des experts de l'industrie et des hashtags pertinents sur des plateformes comme Twitter et LinkedIn.

Chaînes YouTube :

Explorez les chaînes YouTube proposant des tutoriels de test, des discussions et des enregistrements de conférences.

Ressources sur les compétences générales et le développement de carrière :

Accédez à des plateformes en ligne proposant des cours sur les compétences générales, le leadership et le développement de carrière.

N'oubliez pas que le domaine des tests logiciels est dynamique et en constante évolution. Il est essentiel de rester curieux, de rechercher des opportunités d'apprentissage et de s'engager auprès de la communauté des tests pour rester à la pointe des développements de l'industrie. Que vous commenciez tout juste votre parcours de test ou que vous soyez un professionnel chevronné, ces ressources vous aideront dans votre apprentissage continu et votre croissance en tant que testeur holistique.